【増補新版】

閉された言語・日本語の世界

鈴木孝夫

新潮選書

閉された言語・日本語の世界　【増補新版】◆目次

増補新版の刊行によせて　9

第一章　日本人は日本語をどう考えているか
1　日本語を捨てる日本人　15
2　明治以後の日本人の国語観　27
3　日本人は、はたして明晰な文章を求めているのか　37

第二章　文字と言語の関係
1　日本語の表記体系は果して不合理か　45
2　日本語の表記としての漢字　57
3　文字は言語ではないという西欧人の文字観　61
4　文字も言語そのものである　64
綴字発音　語源俗解　同音衝突
5　漢字語は音声と文字の交点に成立する　79

6 「音」とは何か、「訓」とは何か 86
7 外来語と漢字語との構造的な相違について 103
第三章 世界の中の日本語の位置
1 日本語は大言語である 113
2 単一言語国家と多言語国家 121
＊言語問題をめぐる民族の対立抗争について
第四章 日本文化と日本人の言語観
1 異民族、異文化との特殊な接触形態 139
2 日本社会の等質性について 146
3 間接的な文化受容の功罪 154
4 両刃の剣としての原書 166
5 日本語は外国人に分るはずはないという偏見 175
6 相手依存の自己規定 191
7 日本人の言語観——ことば不信と「論より証拠」 199

第五章　日本の外国語教育について
1　目標を見失っている英語教育　213
2　英語はもはや「英語」ではない　227
3　イングリック実践の具体的方法について　239
4　外国語を何故学ぶのか　243
後　記　251

閉された言語・日本語の世界

【増補新版】

増補新版の刊行によせて

『閉された言語・日本語の世界』の初版は、今から四十二年前の一九七五年に出版されました。この本は著者の私も驚くほど好評で、出版後数年たらずして早くも十万部を超すという好成績だったのです。当時はまだ日本語に関する本などに、一般の読者の関心を引くような読みやすいものが少なかったからでしょう。そしてこのことを大変に喜ばれた当時の新潮社社長の佐藤亮一氏は、出版十年目の第二十五刷発行に際して、記念にと金文字で美しく飾った革表紙の特製本を三冊も作られ、私に下さったぐらいでした。

また当時西ドイツのベルリン自由大学で日本文学を研究されていたHijiya-Kirschnereit博士の目に留まり、Eine verschlossene Sprache—Die Welt des Japanischen, 1990. iudicium Verlagとしてドイツ語に翻訳出版されました。

この本の中で私が取り上げた主なテーマは、明治以来日本人の多くが自分たちの掛替えのない母語である日本語に対して、世界の多くの民族がかれらに固有の言語を心から誇りに思い、そのことを公言してはばからないのとは裏腹に、日本語は進歩の遅れた、学習に不便で社会の発展を阻害する様々な欠点を持った良くない言語だといったような、きわめて否定的自虐的な評価を抱いているのは一体何故だろうかといったことや、片言の、明らかに不完全な日本語を話す外国人に対しては、「日本語がとてもお上手ですね」とやたらに褒めるのに、外国人、特に白人でちゃんとした日本語を流暢に話す人には、なんだか可笑《おか》しいとか気味が悪いといったような反応をしばしば示すことなどを手掛かりに、日本人の日本語観、さらには言葉というものをそもそも日本人はどう考えているのかを、諸外国との対比において明らかにすることでした。

ところが一昨年の末に編集部からこの本の第四十二刷を近く出すことになったが、なにしろ初版以来大分時が経っているので、今では古くなった記述を改め、使用されているデータなどは新しいものに差し替えた改訂版を作ってはどうかという有難い申し出があったのです。

そこで改めて旧版を読み返してみるとさすがに現在では全く、あるいは殆ど見られなくなった、面白いどころか今の読者には信じられない、まさかといったような事実が沢山でてくるのです。

そこで私は色々と検討してみた結果、あちこちを現代向きに修正したり補正したりする改訂版ではなく、むしろ本文は今とはかなり異なった**当時の日本人の母語観を示す「歴史的事実を記録したもの」**として手を加えず、ただし現在の読者の理解を助けるための、やや詳しい注を増やすという形の増補版がよいのではないかという結論に達し、その旨を編集部にお伝えしたところ、それで行きましょうとなったわけです。

振り返ってみるとこの本の出た頃の日本は、その十年前の東京オリンピックが弾みとなって、それまで順調に進んできた戦後の社会・経済の復興路線が、突如起こった石油価格の思いがけない昂騰による第一次オイルショック（一九七三年）のために一時頓挫し、この石油国際市場の混乱に起因する急激な電力不足までが生じて、それまで煌々《こうこう》と夜の街を照らしていた照明が一挙に暗くなり、ビルのエレベーターも間引運転を余儀なくされ、街では燃料不足のためタクシーも思うように拾えなくなるといった大混乱のさなかでした。

また日本をとりまく国際環境は、それまでアメリカの介入によって二十年近くも長引き泥沼化していたベトナム戦争が、ようやく南北ベトナムの統一達成という形での終結が間近という時期で、お隣の中国や韓国はまだ現在のような目覚ましい経済的大躍進の気配すらも見られないという段階でした。世界は依然として米国とソビエト連邦という二大超大国が真っ向から対立し、互いに睨みあう東西冷戦の真っ最中だったのです。

このような時代背景のもとに私の『閉された言語・日本語の世界』は書かれているのです。従って当然このような当時の日本国内の混乱や世界の緊迫した情勢を、想像することさえも難しい平和で豊かな、その後の時代に属する大部分の読者にとってはピンとこないのではと思われる記述に対しては、適宜注をつけ、また出来る限り簡単で解説的な注をも各章の終わりにつけ加えましたので、随時参照していただくことをお願いします。

最後になりましたが、今となっては昔の本の部類に入ってしまうようなこの本の持つ、今日的な価値を認めて増補新版の出版を決断して下さった新潮選書編集長の中島輝尚氏、そして可能な限りの旧版の化粧直しという困難な仕事に取り組んで下さった編集部の中村睦氏に、心からお礼申し上げます。

平成二十八年十一月九日

鈴木孝夫

本文は一九七四年に執筆されたものである。

第一章　日本人は日本語をどう考えているか

1　日本語を捨てる日本人

今から十年ほど前（一九六四年）の夏、私はトルコ共和国を旅行していた。イスタンブール、アンカラを基地にして、おぼつかないトルコ語を操りながら各地に散在するギリシャ、ローマの遺跡をたずね、あるいはボアズ・ケイ（現在の名称はボアズカレ）の寒村に古代ヒッタイト王国の古都の面影をしのぶといった気楽な旅の末に、東部唯一の町らしい町エルズルムに着いたのは八月も終りの頃だった。

夕方ホテルの近くの、小さなみすぼらしい食堂《ロカンタ》で食事をしていると、一人の肩幅の広い小柄なトルコ軍士官が近づいて来て、英語で日本から来たのかときく。不思議に思ってどうして分ったかと尋ねると、ホテルできいて来たのだと言う。

私のテーブルに坐りこんだ彼は、実は自分の妻は日本人である。この町に日本人は一人もいないし、日本の旅行者もここまでは来ないので、一つ家内に会ってはくれまいか。きっと大喜びをするだろうからと言うのである。私はびっくりした。アンカラやイスタンブールのような大都会ならばいざ知らず、こんな辺鄙《へんぴ》な所に、まさか日本人が住んでいようなど、考えても見なかったからだ。

ところが翌日の夕食に招待され、将校専用の立派なクラブで士官夫人にお目にかかった私は、二度びっくりしてしまった。それは朝鮮戦争に国連軍の一員として参加したこのトルコ士官に見染められて結婚し、僅か四、五年前に日本を離れたというこの横浜出身の女性が、もう日本語をうまく話せなくなっていたからである。

何か言おうとするとトルコ語が出て来てしまい、周章《あわ》てて口を押える。夫人の話では日本を離れて以来、日本人に会うのは今日が初めてだと言う。毎日トルコ人に囲まれて暮し、自分でも早くトルコの生活やトルコ語になじもうと努力してきたのは事実だが、それにしてもこんなに日本語を忘れているのには、我ながらとまどいを感じているとのことだった。

夫君の母親と一緒に暮しているという、この色白のやさしそうな女性が、ここにいるトルコ将校の夫人たちは、いつも綺麗に着飾っていて、あまり日本の女のようには働かないなど考え考え話すのを、乳香のエキゾチックな芳香の漂う、真白な水割りのラキ酒を飲みながらきいているうちに、私はなんだか痛々しい気持になっていくのを押えることができなかった。

一体どこの国の人でも、自分の故国を離れて外国に住むようになり、しかも同国人との接触が絶えて久しくなれば、母国語を話す能力が低下することは争えない事実であろう。しかし私の見るところでは、私たち日本人にはこの傾向が特に著しいように思われるのだ。

たしかにこのトルコ士官夫人の例は極端な場合かも知れない。しかし米国やカナダに在住するいろいろな日本人を、私がそのつもりで観察した限りでも、私たち日本人は外国に出ると、日本語を捨てる方向に進むことが多いという印象を強くうけている。

私はかつて米国のイリノイ大学において言語社会学の講義を一年間担当したとき、そこでも、この点について特に注意しながら日本の方々とつき合った。そのとき、殆んどの家庭において、子供たちが両親の日本語を聞いて理解することは多少なりとも出来るが、日本語で親と満足な話ができるケースは、皆無に近いということを知って驚いたのである。

私がつき合った人々は、すべて大学の先生たちであり、必ずしもアメリカやカナダに市民権をとって永住すると決めているわけでもないのにである。

子供たちが日本語を話せないことについて、人々が挙げた理由は、学校をはじめ周りがすべて英語だからしようがない。第一親がいくら言っても、子供が英語で返事をしてくるから、つい面倒になり自分たちも英語で話してしまうといったものが多い。中には、いずれ日本に戻れば、自然に日本語は覚えられると思うので、こちらにいる間は無理に二つの言語を強制することはない。それに英語が身についていれば、あとで何かと便利なこともあろうしという意見もあった。

勿論、中には私たちは日本人なのだから、子供たちに家の中では、正しい日本語を使わせるようにしていますとはっきりした考えを述べ、且つそれを実行しておられた家もある。モントリオールの物理学者F教授のお宅の場合がそうで、奥様は娘が日本語を使わなければ絶対返事をしないことにしていますといつも言われていた。

一昨年の夏、私が八年ぶりにモントリオールを訪れたとき、このF夫妻のお嬢さんは、英語で授業を受け、アルバイトはフランス語でという大学生になっておられたが、こみいった話を日本語で何の苦もなく続けられるのだった。

しかしこのような例はどう見ても例外であり、殆んどの在外邦人の家庭では、子弟の日本語能力は極めて低いようである。

一昨年の暮に、フジテレビ（仙台、テレビ静岡、東海ネット）で「ドキュメント　日本人・国際編」として海外生活の子供に関する番組があった。残念なことに私は見逃して、ただ新聞記事による簡単な紹介を見ただけであるが、それによると「なぜ習うの？　日本語」という見出しの下に、大きく「英語は一流　日本語ダメ」として次のような説明がある。


海外駐在の日本人家庭に共通する悩み――学齢期の子どもの教育問題を、海外で日本人がいちばん多い国際都市ニューヨークの現地に探る。

現在、ニューヨークの日本人駐在員は一万五千人以上、学齢期の子どもは二千人といわれている。

この子たちはアメリカの学校に通い、親たちよりも流ちょうな英語を使うが、日本語が不得手で、帰国後、進学や就職ができるだろうかと親たちは不安がる。（一九七三年十二月三十日、朝日新聞長野版、朝刊）

また私がこの記事を見てから幾日もたたない或日のこと、今度ノーベル物理賞を受けられた江崎博士一家のインタヴューをテレビで見ることが出来た。博士夫妻と二人のお嬢さん、それに息子さんが楽しそうに映っている。そして日本の放送局の人が向ける質問を、博士がニコニコしながら英語に翻訳してお子さん達に伝えているのである。お子さん達の話す英語は、本物の英語だった。

このような私のどちらかと言えば印象的な観察が、大筋においては間違っていないことを示す研究が、実は国立国語研究所の野元菊雄氏によっても発表されているのだ。野元氏はイギリス、ブラジル、ハワイ等において日本語を教授されるかたわら、海外の日本人および日系人と、日本語の関係を、長年にわたって研究されている言語学者であるが、海外に、ある程度長期に滞在する日本人、および外国に永住を決めた日本人たちの子弟、つまり二世三世が父祖の言語である日本語に対して、どの程度の執着力を示すかを、他の言語を母国語とする人々の場合と、言語社会学的な観点から比較されたのである。

野元氏の調査結果は、林知己夫編『比較日本人論』（中公新書、一九八一）の第四章に示されているが、そこで全般的な結論として次のような注目すべき発言をしておられる。

日本語は外国語と接すると、外国語の方にのまれてしまって、急速に薄れる性質があるようである。これは日本語そのものの性格によるのか、その日本語の話し手である日本人の性格によるのであろうか。おそらく後者であろうが、これを論ずるためにも、この薄れ方の実態を知る必要があると思う。また、日本語そのものの性質もこの調査によってはっきりすることもあ

ろう。（同書一二五ページ）

同氏はまたロンドンにいる日本人子弟の言語生活をいろいろと調査された際に、在英日本人に共通した、子どもに英語力のつくのを願い、またそれを誇る気風のあらわれに関連して、〈英語力をつけるのは悪いことではないであろう。しかし、それに反比例して、日本語がダメになるのを誇る傾向があるのはなんとも解せない。ここには、日本語を維持しようとする意欲が見られない〉、と述べておられる。

野元氏は更に、子供たちに対して、両親が英語で話す必要がどこにあるのかという疑問を出されたあと、次のように続けている。

この態度は、いずれ日本に帰るべきロンドンの日本人家庭でもこのようであるから、移住した人ではいうまでもない。少しぐらいの不自由を子どもにさせても断乎としてドイツ語を守っていこうという、前に述べたドイツ人移民の子孫とは大きな差がある、と言える。うまく指導しさえすれば、二ケ国語ぐらい自由に話せるような潜在能力は普通の人間ならばもっているのである。親子ともども英語一辺倒、英語に傾斜してしまうのはどんなものであろうか。（同書一三七ページ）

ここで誤解を避けるために是非断っておきたいことが一つある。それはこのように海外に住む日本人が、日本語を捨てる傾向にあることを指摘したからといって、私がそのことを嘆かわしいとか、残念であるという風に思っているわけではないということである。

人にはそれぞれ自由がある。日本語を使わない自由どころか、日本国籍を捨てて、外国人になる自由さえも、私たちは持っている筈である。だから私は日本語を使わなくなる日本人を非難したり、その傾向を嘆いたりするつもりは全くない。ただ日本人が日本語をどう考えているかという問題に、深い関心を抱いている私にとって、海外在住者が日本語から離れる傾向があるということが、野元氏も指摘されているように、日本人の性格にむしろ原因があると考えられるという点で、問題解決の一つの有力な手がかりとして取上げたに過ぎない。

考えてみると私たちの日常行動は決断の連続である。電車に乗ろうか、バスにしようか、タバコを吸おうか吸うまいかといった具合に、私たちは生きている限り、絶えず選択を迫られる。殆んど機械的無意識的に行っている行動ですら、本能的な反射運動を除けば、何かの価値基準に基づいた選択の結果だと言えることが多い。

或ることをするということは、そのことが他のことよりも、自分にとってなんらかの意味で利益が多い、と判断したということに他ならない。もちろん利益が多いといっても、それは必ずしも経済的なものだけを意味しない。それの方が楽しいとか、人に感謝されるとか、自分の気持が安定するという場合も含めて、利益が多いと言うのである。

それどころか、自分にとって嫌なこと、本当はしたくないことを強制されてする場合でさえも、利益が多いからそれをするのだと言える。このような場合人は、それを若《も》ししなかった場合に生ずる、もっと大きな不愉快、不利益と目前の不利益を比べ、小さな不利益を選ぶという形で、気のすすまない嫌なことをするのだと考えられるからである。

　このように我々の行動の選択は必ず何かしらの価値基準に基づいた、利益不利益の計算を含んでいるという点に留意しながら、日本人が日本語を捨てる問題を改めて考えてみよう。

　まず日本人が日本に住んでいる場合に、日本語を使うということは、いかなる選択の結果でもないと言える。他に優劣を比較し選択する言語がないからである。また日本にいる子供には日本語を強制的に教えなくとも、彼らは否応なしに日本語を身につけて行く。子供にとっても、日本語は選択の対象ではないからだ。

　しかし一度海外に出てしまうと、日本語を保持して行くか、それとも他の言語に傾斜して行くかということは、明らかに選択の問題となる。この選択は自覚的にいろいろと理由をつけて行われることもあろうが、後で詳しく述べる日本人の言語意識の構造から判断すると、無自覚的に、自然と**そうなる**という形をとることが多いと思われる。つまりそれより仕方がないという受けとめ方での選択が行われるのである。

　そこで自覚的か無自覚的であるかを問わず、多くの日本人が海外生活の過程において、結果として子弟に日本語を強制しなくなるという事実は、彼らが日本語を捨てる方向に選択を行っていることを意味する。

たしかに外国で暮しながら、しかも日本語を保持して行くことには物理的に明らかな障害がある。まして子供に、「家の中では日本語を使え」と強制することは非常に大変なことである。放置しておけば子供は自分にとって効率の高い言語、つまりその国の言葉を使ってしまう。なにしろ見るもの聞くものすべてが日本語ではないのだから無理はない。外国で生活している限り、実際的日常的な効用という点では、日本語は無用の長物でしかない。いやそれどころか、子供に無理に日本語を習わせるということは、時間と労力の点で、親にも子にもマイナスの面が少なくないとさえ言えよう。

このような不自然な環境の下で、いわば自然のなり行きに無理して逆らいながら、日本語に執着し、親も子も努力して日本語を保ち続けるためには、親の側に日本語に対して、実用的な効用を越えた、なにかしら別の価値基準に基づく肯定的な認識がなければ不可能である。それは、**日本人として生れ、日本文化によってはぐくまれた自分にとって、日本語はかけがえのないものだという認識**である。このような認識とは、必ずしも意識的に整理され理論的に裏付けられたものである必要はない。むしろ素朴きわまる、母国語に対する誇り、愛着、信頼そして自負心の形で表われるものでよい。外国に出た日本人が日本語に執着せずこれを捨てる傾向があるのは、実はこれらの人々が母国語に対する信頼を失っているからだと考えることが出来る（章末注）。

私がこのように言うと、海外在住の日本人は、子供たちの日本語教育が中断されないようにと、日本語学校の設立を切望しているのを知らないのかと反論する人がいるかも知れない。しかし私は学校を作ってほしいという希望は、日本に戻ったときの学校教育、ことに受験に対する不安、就職の心配が中心であって、日本人だから日本語を忘れては困るという発想からではないと思う。だからもし英語だけ、フランス語だけしか喋れない日本人子弟を、帰国後、そのまますんなりと受入れてくれる特別な学校ができ、就職もさほど困らないというようになれば、在外邦人は、それでも無理して日本語学校をと叫ばなくなるのではないだろうか。

また私の経験でも小学校低学年位までなら、母親が父親の協力の下に努力をすれば、特別な設備がなくとも家庭の中で日本語の読み書き程度は充分教えることが出来るのは明らかである。必ずしも経済的社会的な必要がないのに、母親まで外に働きに出てしまって、結果として子供の日本語まで手が廻らないというケースをいくつも見ているだけに、親が犠牲を払ってまでも、母国語を子供に伝えようという意志がないと判断せざるを得ないのである。

重ねて言うが、私は決して海外在住の日本人のこの態度を非難しているのではない。それどころか、私はこの人たちの言動を、日本国内に住んでいる私たち自身の、もともと日本語に対してひそかに抱いている否定的な心的態度が、ある極限的な条件の下で露呈したものに他ならないと考えたいのである。

日本人が日本に住んでいる限り、日本語は選択の対象とはならないことは既に述べた。多くの日本人にとって、日本語は空気の存在のように自明で、外から与えられているものである。タダで努力なしに手に入るものなのだ。私たちは、自分は日本人だから日本語を使うのだという自覚なしに、ただ日本語以外に使うものがないから使っているに過ぎない。

このような気持で母国語を使っていた人が、それ以外の選択が可能で、しかもその方が効率が高い環境に置かれれば、日本語を捨てることになるのは当然であろう。まして日本語は文法的に不完全であって、論理的な思考を表わせないとか、国際感覚を養うのに邪魔になるとか、国際通用性のない**遅れた文字**（漢字、カナ）を使用している等々の批判的な意見を常々きかされ、自分もそうだと思ってしまった人が外国に行けば、実際生活上の障害を乗越えてまで、子弟に日本語を使うことを強制する必要を感じないのも、これまた当然のこととして理解できる。

だが日本語は、本当にとるに足らぬ、つまらぬ言語であって、唯一の話し手である日本人から見放されても仕方のないような言語なのであろうか。

＊　＊　＊　＊　＊　＊

日本人が日本語をどう考えているかの問題に関連して詳しい調査をしたら面白いと思われることが二つある。一つは国際結婚の場合である。

私は外国婦人と結婚して国外に今も住んでいる友人、知人を四人持っている。一人はアメリカ婦人と結婚し、一人の相手はカナダ人、もう一人はドイツ人と結ばれ、そして残るは中国人（この場合、夫婦ともアメリカ生活が長い）とである。この四組の国際結婚の場合、私の知る限りでは奥さん達は全く日本語ができないか、多少できる程度である。したがって夫婦の会話は奥さんの言語（最後のケースは英語あるいは中国語）で行われている。

つまり理由は何であれ、結果として奥さんに日本語を強制していないのである（これに反し外国婦人が日本人と結婚して、日本で住む場合は奥さんが日本語を上手に使う例の方が多いようである。だがこの場合は夫の強制があったのか無いのかは判定しにくい。日常生活の必要が当然優先すると考えられるからである)。

私には、外国人と結婚して、国外に住んでいる日本女性の親しい友人知人がいないので、この方については確かなことは言えない。だが今そのつもりで思い返してみると、日本女性が国外に住み、外国人の夫に日本語を学ぶようにしむけている例も殆んどないように思われる。さきのトルコ士官と結婚した女性も、夫君は日本語が全く出来なかった(章末注)。

要するに外国で暮す日本人が、自分の子供に日本語を強制しないのと同じ理由で、外国婦人と結婚した日本人も、配偶者に日本語を教えず、自分の方が相手の言語を使って済せてしまうのではないだろうか。配偶者の言語別に詳しい調査をしたら興味ある結果が得られると思う。またこれは次の問題とも関連がある。

第二の問題は在外邦人が子弟を、滞在している国の学校に入れるか入れないかの問題である。そこの国の言語が英独仏以外である場合、いろいろ無理をしてこれら三つの言語のどれかで教育を受けさせているケースをいくつか私は知っている。どうしても英独仏の言語の学校なり教育機関が、駐在国または住んでいる所にない場合、親子が別れて住む不便を忍んでも、子供を日本に残すか、英独仏語で教育の受けられる国に子供だけを送ってしまうようである。

この問題は駐在国の学校の教育程度の問題もからむので、理由づけは簡単ではないと思うが、ヨーロッパ人の中には、子供を非ヨーロッパ系の現地語と母国語の両方使えるように育てるケースも多いので、やはり日本人が次節でふれるように、日本語とひきかえに学習するのが好ましい言語と、そうでない言語を無意識の内に峻別する習慣を持っているのかもしれない。かつての満州、朝鮮、中国で日本人はこの問題をどう処理していたのかを詳しく知りたいものだと思う。朝鮮で生れ育ったために、現在でも朝鮮語がなんとか使えるような日本人がどの位いるのだろうか。

2　明治以後の日本人の国語観

ここで、ある文章を引用したい。

吾々《われわれ》は子供から今の國語《こくご》に慣され、それ程に感じてゐないが、日本の國語程、不完全で不便なものはないと思ふ。その結果、如何に文化の進展が阻害されてゐたかを考へると、これは是非とも此機會《このきかい》に解決しなければならぬ大きな問題である。此事《このこと》なくしては將來《しょうらい》の日本が本統の文化國になれる希望はないと云つても誇張ではない。

日本の國語が如何に不完全であり、不便であるかをここで具體《ぐたい》的に例證《れいしょう》する事は煩《わずら》はし過ぎて私には出來ないが、四十年近い自身の文筆生活で、この事は常に痛感して來た。

この文章は今から二十九年前の一九四六年に、小説の神様とまで尊敬されていた志賀直哉が、『改造』の四月号に、国語問題として発表した有名な論文の一節である。一九四六年といえば、第二次世界大戦終了の翌年であり、東京には空襲による焼野原が未だあちこちに残り、食糧不足、インフレ等の社会不安が一時におしよせ、人々は茫然自失の虚脱状態にあった時代である。

私は志賀直哉が日本語の問題について、突飛な提案を終戦直後に行ったという話は、実は前からきいていたが、何せ戦後の混乱期のことだし、老作家の一時の錯乱にすぎないものであろうと軽く考えていた。ところが最近図書館で実物を見るに及んで、これは真面目に扱う必要のある、近代の日本人の国語観を典型的に示した重要な論文であることに気がついた。そこでこの雑誌が既に一般の読者の手に入りにくい事情を併せ考え、この論文を少し詳しく取上げてみることにしたのである。

私が志賀のこの論文を真面目に扱う必要があると思う理由は三つある。第一は、ともかく志賀直哉は日本の文学のある面の代表作家であるということ。次に彼の《日本の國語程、不完全で不便なものはない》という考えが、敗戦という未曾有の動乱のさなかにおける一時の思いつきによるものではなく、四十年近い彼の文筆生活を通して、常に痛感されていたことだという点。そしてこの文章を書いた頃の志賀は、まだ六十三歳であるから、高齢のための無責任な放言と笑って済ますことは出来ないというのが第三点である。

さて志賀は前の文に続けて漢字のかな書きとかローマ字書きのような運動が大分昔からあるにもかかわらず、中々成功しないのは、このような国語の部分的改良には致命的な欠陥があるためだとして、一思いに日本語を放棄したらと言う。

私は六十年前、森有禮《ありのり》が英語を國語に採用しようとした事を此戰爭中、度々《たびたび》想起した。若しそれが實現《じつげん》してゐたら、どうであつたらうと考へた。日本の文化が今よりも遙かに進んでゐたであらう事は想像出來る。そして、恐らく今度のやうな戰爭は起つてゐなかつたらうと思つた。吾々の學業も、もつと樂に進んでゐたらうし、學校生活も樂しいものに憶《おも》ひ返す事が出來たらうと、そんな事まで思つた。吾々は尺貫法を知らない子供達のやうに、古い國語を知らず、外國語の意識なしに英語を話し、英文を書いてゐたらう。英語辭書《じしょ》にない日本獨特《どくとく》の言葉も澤山《たくさん》出來てゐたらうし、萬葉集や源氏物語も今より遙かに多くの人々に讀《よ》まれてゐたらうといふやうな事までが考へられる。（中略）

更に志賀は今までの国語を残して悪い所だけを変えて行く改革には賛成できないと主張する。不徹底なものしか出来ないというのがその理由である。

そこで私は此際《このさい》、日本は思ひ切つて世界中で一番いい言語、一番美しい言語をとつて、その儘《まま》、國語に採用してはどうかと考へてゐる。それにはフランス語が最もいいのではないかと思ふ。（中略）不徹底な改革よりもこれは間違ひのない事である。（中略）

外國語に不案内な私は、フランス語採用を自信を以つていふ程、具體的に分つてゐるわけではないが、フランス語を想つたのは、フランスは文化の進んだ國であり、小說を讀んで見ても何か日本人と通ずるものがあると思はれるし、フランスの詩には和歌俳句等の境地と共通するものがあるとも云はれてゐるし、文人達によつて或る時、整理された言葉だともいふし、さういふ意味でフランス語が一番よささうな氣がするのである。私は森有禮の英語採用說から、この事を想ひ、中途半端な改革で、何年何十年の間、片輪な國語で間誤《まご》つくよりはこの方が確實《かくじつ》であり、徹底的であり、賢明であると思ふのである。

國語の切換へに就いて、技術的な面の事は私にはよく分らないが、それ程困難はないと思つてゐる。教員の養成が出來た時に小學一年から、それに切換へればいいと思ふ。(以下略)

私は志賀のこの随筆風の論文を読んで、これまで幾度となく、いろいろな人、それも著名な人によって唱えられてきた《日本語不完全論》の一つの典型をここに見た気持がした。

私の考えでは、この論文には二つの重要な問題が含まれている。第一は志賀が母国語、ひいては言語というものが、それを使う人にとって、どんな意味があり、どのような深いつながりを持っているものかについて全く無知無感覚であるということ。

第二は、志賀が自分の考えを、どのような表現方法(文章)で示しているかである。

説明の都合上、第二の問題から見ていくことにしたい。

まず彼の言う英語を国語とすれば、日本の文化が進み、従って戦争も起きなかったろうという主張は、論理的に見てもおかしい。英語を使う国が過去に於《お》いてどれだけ戦争をしたか、また文化の高い国がいつも戦争を避けたわけではないことなど、子供にでも分る事実である。しかしこの点は当時の敗戦のショックがひどかったことを考えれば、止むを得ない考え方だと見のがすこともできよう。

だが私がどうしても見逃すことが出来ないことは、六十年前に初代文部大臣森有礼の提案に従って英語を国語として採用しておいたならば、『万葉集』や、『源氏物語』も、今より遥かに多くの人々に読まれていたろうという真に不可解な議論の進め方である。

もし英語を母国語として日本人が育っていれば、万葉や源氏が今よりは読まれなくなっていたろうが、国を興し文化を発展させるためには、それも止むを得ないとでも言うのなら、少なくとも話の筋道は通るのだが、古い国語が知られなくなるために、今よりはるかに多くの人々が、これらの古典を読むようになるだろうというのは、どう考えても意味がとれない文章である。この例が示すように彼の議論は、論理的な脈絡を無視し、話は必然性のない方向に発展して行く。議論の筋道を追うためには、読者が自由奔放に勝手な想像をめぐらすほか仕方がない。

また話の途中には「……と思われる」「と云われている」などの表現が各所に用いられて意見の主体がぼかされている。その上、自分はよくは知らないがと言っておきながら、その知らないはずのフランス語が、世界で一番美しいすぐれた言語であるらしいという想像または伝聞に基づいて、今度は急転直下、日本国家の百年千年後にまで悔いが残らないために、この際思いきって日本語を放棄してフランス語にしろという重大な結論が、非常に断定的に示されているのである。

私の考えでは、もし言葉を使う人自身にこのような発想や議論の運び方をおかしいと思う感覚がなければ、それはどの言語を国語に採用してみても、明確で力強い、そして美しい文章は書ける筈がない。志賀の場合で言えば、彼の言う日本語の不完全さ不便さとは、彼自身の、文章というものに対する基本的な態度が問題なので、日本語という言語の欠陥とは無関係と言わねばならない。

もし同じ議論を英語なりあるいはフランス語で書いたとしても、あいまいで支離滅裂な主張になることを私は疑わないのである。

この点に関し最近私は幸運にも非常に面白い論文があることを知人から教えられ、それを読んで我が意を得たりの感を深くした。

科学雑誌『自然』の一九七四年一月号に、「ロゲルギストK_2」という筆名で、〈「であろう」の背景〉という題のエッセーが掲載されている。

論文中の推理や主張の場で使われる《であろう》は英訳不可能だ、という英国人の指摘をめぐってという副題のついているこのエッセーは、数年前の『日本物理学会誌』に、ルゲット(A. J. Leggett)氏なる物理学者が寄稿したNotes on the Writing of Scientific English for Japanese Physicists(科学英語の書き方についてのノート——日本の物理学者のために)というエッセーを問題にしているのである。

この学者は、オックスフォード大学を一九六一年に卒業、ついでアメリカのイリノイ大学で超流動の研究に従事し、一九六五年九月から京大理学部に客員研究者として滞在した方で、その間同大学基礎物理研究所発行の*Progress of Theoretical Physics*への投稿論文の英文校閲に従事していた。数カ国語を解し、日本語も非常に上手な方の由である。

さて『日本物理学会誌』は日本の雑誌であるから当然掲載論文は日本語で書かれている。しかし、ルゲット氏の論文だけは異例の扱いを受けて英文でのせられている。ところがその中で「であろう」、「といってもよいのではないかと思われる」、「と見てもよい」という三つの句だけが、漢字かなまじりで印刷されていて目を引いているとロゲルギストK_2氏は述べている。ルゲット氏によると、この種の句を英語にうつすことはまず見込みがなく、「であろう」に到っては事実上、翻訳不可能だからだ。

> 日本人は、あまりに明確ないい方、断定的ないい方を避けようとする傾向が非常に強い。これは多分、ほかの可能性もあることを無視して自分の意見を読者におしつけるのは図々しい……という遠慮深い考え方があるためらしい。ところが大部分の欧米の読者にとっては、こういう考え方は思いもつかないものなのだ。（中略）著者が、自説のほかにもいくつかの解釈があり得ることを斟酌《しんしゃく》して〈ぼかした〉かたちで自分の見解を述べたとすると、それを読んだ欧米の読者は、著者の考え自体が不明確で支離滅裂なのだと思うだけだろう。だから、いくらか不自然に思えても、できる限り明確な、断定的ないい方をした方がいい。……

このようにルゲット氏は日本人にとっては何でもない発想が、ひとたび英語で直訳的に表現されると、論理的に支離滅裂と受けとられてしまう危険を指摘したのちに、日本人が自分の日本人的発想をそのまま英語に移そうとして、好んで用いる may や may be がいかに場ちがいで、滑稽にひびくかを、いくつかの実例をあげて説明する。

このロゲルギストK_2氏のエッセーは、たやすく手に入るものであるから、ここでの紹介はこのくらいにしておく。要するに、日本語が不完全で曖昧だから、英語やフランス語に替えれば明晰になるだろうなどと考えるのはとんでもない誤りであって、ことばそれ自体、文章表現そのものに対する日本人の考え方を変えなければ、どこの国の言葉を使っても、論理的に支離滅裂なことしか言えないことが明らかにされているのである。

物理学などという学問を専門にする人々は、きわめて明確に即物的にものを考えられるタイプの日本人と言えよう。その人たちの書く英文にして、このような日本的歪曲をまぬかれないのである。

志賀の国語論に含まれる表現形式上の問題は、ひとまずこの位にして、次に内容つまり言語観の検討にうつることにしたい。

まず日本語ほど不完全で不便なものはないと彼が感じ続けていたこと、及びフランス語が世界で一番美しい言語らしい（従って日本語はフランス語よりは美しくないということになる）と思っていることの二点を取上げてみよう。

そもそも、世界で一番美しい言語はどれかというようなことは、意味のない問なのである。これは花の中で一番美しいのは桜かチューリップかというような意味のない馬鹿らしい質問である。美には客観的規準がないのみならず、誰にとって美しいかという判断の主体によっても違うのは常識である。試みにドイツ人に、フランス語を世界で一番美しい言語と思うかときいてみるとよい。簡単にそうだという返事はまず返ってこないだろう。

アラビア語を話す人びとに同じことをきけば、絶対ちがう、アラビア語こそ世界で一番美しい言語だと言うにちがいない。アラビア語はコーランの言葉、神の言葉なのだから。

最も完全な言語という発想も同じく意味がない。すべての言語（国語）は、**それを使う人々**にとって、一番ぴったりとした、つまり最もすぐれた言語なのだ。

もっとも、世界の言葉のうちで、何々が最もすぐれているといった発言は、西洋でもつい最近までよく聞かれたものである。西洋人のインテリにとって実は古典ギリシャ語、ついでラテン語が長い間、完璧な言語だと考えられていた。ところが、西洋人の「世界」の認識がだんだんと拡大するにつれて、今まで名前はおろか、その存在すら知られなかったような言語がつぎつぎと記述されるようになり、古典学者が得意気にギリシャ語の優秀性として数え上げていた多くの特徴が、実はアメリカ・インディアンの言語などにも、いっそう充実した形でそなわっていることが分ったりして、言語機能の点で完璧な言語という考え方は全く否定されてしまったのである。

文学者である志賀が、しかも今から三十年も前に、このような事実を知らなかったとしても別に責められることはない。しかし言語学者が、科学的な事実に基づいて一歩一歩近づいて行ったこの発見を、ことばの真のはたらき、ことばの生命の息吹に直接ふれる資格のある文学者なればこそ、直観的、本能的な嗅覚でいち早く察知できなかったものであろうか。

どこの国でも、自国語の美しさ、かくれた能力を目ざとく見つけ、歌い上げるのが詩人であり文学者なのである。たとえば革命前夜の腐敗し堕落しきった帝政ロシア末期にあって、祖国のことばによせたツルゲーネフの散文詩を見れば、このことが明らかに窺えるのだ。

ロシア語（一八八二年六月）

疑いの日にあっても、祖国の運命を思い悩む日においても——汝だけが我が杖であり、我が支えである。おお偉大にして力強く、真実にして自由なるロシア語よ、もし汝なかりせば、国の内に行われているすべてのものを見るにつけ、どうして絶望に陥らずにいられようか。だが私にはこのような言語が偉大なる国民に与えられないとは信じられないのだ。

当時ロシアの上流階級はフランス語を高級な教養・社交の言葉とし、ロシア語は低い卑しい地位におかれていた。汚辱と矛盾に満ちた現実に囲まれながら、ツルゲーネフは祖国の言葉に絶大の信頼を寄せ、ロシア語をかくも格調高く歌い上げた。

祖国の悩み、文化の後れを国語のせいにするどころか、逆に祖国のことばが、遂には祖国を支え救う柱になることを信じて疑わなかったのである。

自分の国が未曾有の苦境に立ったときの、ツルゲーネフに見られる祖国の言葉に対するこの情熱と、志賀が唱えた国語放棄論との対比ほど、言語観の相違を浮彫にする例を私は他に知らない。

私は志賀直哉一人を責めるつもりは毛頭ないことを断言する。ただ彼の中に、我々日本人が持っているきわめて不可解な国語に対する否定的な態度のあらわれをあまりにもはっきりと見るから取上げたに過ぎないのだ。ちょうど外国に住む日本人のいち早く日本語を捨てる傾向に、我々国内に住む日本人の言語観の反映を見るのと同じく、私の興味は、どうして日本人は自分の父祖のことば、母国語を、かけがえのない大切なものと考えないのかを解明することにある（章末注）。

3　日本人は、はたして明晰な文章を求めているのか

フランスの文人、アントワーヌ・リヴァロルが一七八四年にベルリン学会の懸賞応募論文として発表した「フランス語の普遍性について」の中に、今でも人口に膾炙《かいしゃ》している有名な文句がある。それはフランス語の永遠の基盤を明晰性においたCE QUI N'EST PAS CLAIR N'EST PAS FRANÇAIS（明晰ならざるもの、フランス語に非ず）という一文である。

私は日本の著名な作家や学者の書く議論文——文芸作品のことではない——のきわめて多くは、リヴァロルが適確に指摘したフランス語の明晰さとはまさに対蹠的な性格を具《そな》えているように思えてならない。著者の主張の根拠や前提がしばしば明示されず、文章は晦渋《かいじゅう》に流れる。説き明かし説き尽すことを嫌い、暗示を好み余韻を残そうとする。そして見逃せないことは、読む者から高い評価を受けるのも、日本ではこの種の文だということなのである。

いや読む方がこのような性質の文章を求め、それに接することを好むが故に、このような文が半ば意識的に書かれるのだと言うべきであろう。特に社会科学関係の論文の中には、どうしてこのような難解で持って回ったような表現をするのかと、首をかしげたくなるようなものが少なくない。読者の中には言葉による一種のミスティフィケイション（神秘化、俗な言葉で言えば煙に巻かれ、狐につままれたような感じに陶酔すること）を味わうことを、むしろ期待するむきがあ

るとさえ言えるのではないだろうか。

言語というものが、いくら人が努力しても対象を完全に説き明かすことは出来ない宿命的な制限を持っていることは事実である。暗示、晦渋、余韻といったものは、それ自体は決して否定されるべきものではなかろう。殊に言語芸術においては、このような要素が言語の本質的な制約を乗越え対象に迫る有効な手段として働くことも、充分認めなければならない。しかし相手に自己の主張を理解させ、納得を得ることを目的とする議論文において、明晰さを避ける方向に進むことは、相手の存在を無視することになるという意味で、伝達の自殺行為に等しいと私は思うのである。対話ではなく、ひとりごと、つぶやきに落込むことは絶対に避けるべきである。

ところが日本語の難解な文章の中には、いま述べたような単なる悪文として片付けてしまうことの出来ない、それでいて或る次元までは言語の持つ社会性、明晰性をかたくなにまで拒否するような不思議な文体を持ったものが存在するのである。私がどのような文章を考えているかを説明するまえに、ひとまず次の文を読んで頂きたい。


英語で書いたもので我が国で刷られてゐるものは何かごつごつした感じのが多いといふ印象を受ける。これはその英語が日本で尊ばれてゐた時代に相当する英国の十九世紀といふのがさういふ詩や文章を特色としてゐてそれが日本で読まれたのが一種のさうした先入主を我々に植ゑ付けた為かと思はれる。それが例へばカアライルの歴史、テニソンやブラウニングの詩、メレディスやコンラッドの小説であつてその中には実際にごつごつしてゐるものもあり、それを外国語で習ふ形で読む時にごつごつした感じになるものもあつてテニソンの詩のやうなものはさういふことがなささうであつても英語の響が自然に耳に入つて来るのでなければこれも決してなだらかに読めるものでない。その韻律を離れては我々を惹くものがなくて言葉の意味を調べてゐるうちに響の方も失はれるからである。カアライルやコンラッドになれば原因を探すまでもなくて言葉の方面から話を別なことに移して十九世紀の英国が世界で占めてゐた位置を考へないではゐられなくなる。

その十九世紀の英国はその大半に亘《わた》つて英語が凋落《ちょうらく》の状態にあつた時代でもあつてそれが十九世紀末から二十世紀の前半に掛けて一種の文芸復興と呼んでもいい程の回復振りを示したのであつても十九世紀そのものには英国の海外発展や商工業上の繁栄にも拘らず言葉の自由が利かなくなつた影が差してゐる。それと国力の伸張の結び付きに就いてここで詮索する必要はない。さういふ英語の凋落も国力の飛躍的な増強も一時的なものだつたからでそれよりも英国がこの国である為めに英帝国が必要だつたのでないのと同様に英語が我々が知つてゐるもの、或は漠然と考へてゐるものよりも遥かに柔軟で潤ひがある国語であることを取上げたい。

この文章は異色の英文学者であり、小説家としても令名の高い吉田健一氏が、丸善の『学鐙』（一九七二年九月、第七十巻第九号）の巻頭に、「或る国語に就いて」と題して書かれた文章の冒頭である。引用した部分の量は全体の約一割程度であるが、すべて似たような調子で書かれている。私は何とか理解しようと、読んでいる内に、眩暈《めまい》をおぼえてしまった。どうにも分らない所が多すぎるのである。いく通りにもとれる表現、前後とのつながりが摑《つか》めない文章が至る所にあるのだ。氏が日本の大学者先生達の講壇英文学を、ユーモアたっぷりに皮肉っておられることは分る。英文学は、日本の英文学者に、もったいぶった注釈をつけて貰うために存在しているのではなくて、学者先生が生れる前から存在していたのだというような趣旨には、私も大賛成である。

しかし何としても簡単には読みほぐせない難解な文章である。私自身は特別文学的な素養があるわけでもないので、友人知人の文学者たちに読んで貰い、感想を述べて貰った。著者名をふせておいて、意見をきくこともやってみた。既に一行目から、著者の言わんとすることについて、異った解釈が三通りも出てきたのである。

しかしこの難解な文章には妙な力がある。何度も読んでいるうちに、あちこちからヒントや手がかりが浮んで来て、いつのまにか全体がつかめるから不思議だ。甚だ矛盾した表現であるが、吉田氏の文章の中では、本来社会的な符牒《ふちょう》であるべき言語が個人的な顔付を持っているのだ。はじめ私を苛立たせ、理解されることを拒むかのように見えた文体、このゴツゴツが実は吉田氏自身なのではあるまいか。この種の難解さには、苦《にが》みの中に仄《ほの》かに感じられる甘さとでも言うべきものがあり、それが読むものを引きつけるのであろうか。

私は吉田氏を個人的に存じ上げていないし、書かれたものを拝見したのも、これが初めてである。従って同氏の書かれるものが、すべてこの通りだなどと言うつもりは毛頭ない。

たまたま目にした吉田氏のこのエッセーを私がここに取上げた理由は簡単明瞭なものである。私としては、このように難解な日本語に未だお目にかかったことがないのと、吉田氏が高名な文学者であられることを知っていたの二点につきる。高名であるということは、同氏の文章を好んで読む多くの人がいるということを意味するからだ。その人々にとって、このような調子で書かれた文章が、読んで楽しいものだとすると、私がさきに述べた、日本の読者の中には晦渋《かいじゅう》さを高く評価する傾向があり、明晰さは、味がない、底が浅いとして軽蔑されているのではないかという考えが、あながち根拠のないことでもないと言えよう。リヴァロルの言葉をもじって言えば〈明晰なものは日本語ではない〉ようである。

私たち日本人が日本語に対して抱いている気持は実に複雑である。森有礼と志賀直哉にその典型を見た日本語否定論は、多くの日本人が持つ、機会さえあれば日本語を捨てようとする傾向と心理的基盤を等しくするものであるが、同時に私たちは日本語のこの曖昧さ、晦渋さに酔い、それを誇る気持さえも持っていることも否定出来ない事実である。あとで述べるように、日本語は決して難解な言語ではないと外国人が言うと、多くの人は不快の色を隠さないのである。

日本語に対する日本人の、このアンビヴァレント（ambivalent）な心的態度、つまり愛憎併存の矛盾的心理こそ、実は日本人が自国の文化すべてに対して抱いているコンプレックスと軌を一にするものであると私は考えている。

この本の目的は私たちのこのような国語に対する態度を理解する手がかりを求めることであるが、問題を扱う上の便宜から、先ず明治以後の国語観を考察し、次いで遠因をなすと思われる日本文化の長い歴史を通して培われた日本人の言語観の分析へと進むことにしたい。

第一章　章末注

二三頁　このような認識をもともと持っていないから、または日本語を意識的な対象にしたことがないからといえます。

二六頁　のちに私は、外国人が日本語を学んだ場合、きわめて興味深い現象が生じることを突きとめました。『日本の感性が世界を変える』（鈴木孝夫、新潮選書、二〇一四）の五二頁以下に書きましたが、日本語の婉曲な表現が、外国人のふるまいすら変えてしまうという日本語の「タタミゼ効果」です。

三七頁　『日本人はなぜ日本を愛せないのか』（鈴木孝夫、新潮選書、二〇〇六）の一六一頁以下で、日本人の外国観という観点、部品交換型文明の精神という視点から再び詳しく論じています。

第二章　文字と言語の関係

1　日本語の表記体系は果して不合理か

現在の日本人が日本語に対して持っている不完全感を助長した有力な原因の一つに、明治以来、我国の有識者たちが攻撃して止まなかった国語表記の問題がある。国語問題と言えば、それは国字問題のことであると一般に受けとられるほど、日本語をどう書き表わすのが一番よいかという議論は、或るときは漢字廃止論の形で、或るときはローマ字化の提唱、更にまたカナモジのすめとなって繰り返し繰り返し現われてきた。

今回（一九七二年から七四年）で十一期になる戦後の国語審議会の歴史も、殆んど表記法の議論に終始していることを見れば、表記の問題がいかに日本人の心を占めてきたかが分る。しかし私はここで明治以来の長い、そして不毛きわまりない国字論争に立入って、一つ一つの議論の是非を論じるつもりは全くない。

ただこの問題をいくらか整理して見た結果、多くの人々が、日本語のすでに確立した伝統であった漢字仮名まじり文を不合理、不完全なものとして排斥するに至った思考過程と、そこに見られる、言語学的観点からの二、三の基本的な誤りを私なりに理解するに至ったので、この点に焦点を絞って考えてみたいと思う。

幕末から明治初年にかけての前島密《ひそか》の漢字廃止案に始まり、初代文部大臣であった森有禮《ありのり》の国語英語化論、そして田中館愛橘《たなかだてあいきつ》（幕末から戦後まで生きた日本の地球物理学者）の日本のろーま字会（明四十二）の設立に至る一連の国語改良改変運動を支えていた思想的根拠は、今から見ると非常に単純なもので、次の図式で簡単に示すことができる。

西洋文明の決定的な優位→日本の立遅れ→西洋言語の優秀性→日本語の劣等性→国字の非能率→国語改良の必要（漢字廃止または仮名書き、そしてローマ字化）

さて私の本章における狙いは、この図式全体を主として日本語と日本人の特殊なかかわり方という観点から再検討することであるが、まず手はじめに国字の非能率という認識が、国字改良へと人々を駆り立てた際に見られる言語の本質論に関係する二つの誤解について、問題を仮名と漢字の二つに分けてやや詳しく述べてみたい。

《ヨーロッパ先進国の言語は、すべてアルファベット二十六文字で書き表わすことが出来る。しかるに日本語は、いろはが四十七文字もあり、それがしかも平仮名と片仮名の二通り、その上何千という漢字を混用しなくてはならない。漢字は学習に困難で時間がかかり、日本の文化の発達を阻害している。》

国字改良論の立場は右のように要約することが出来ると思うが、私の見るところでは、この議論は言語学的に比較できないもの、従って優劣を論じることが無意味なものを、あえて同一次元で比較するという誤りの上に成立しているのである。

日本語は、子音＋母音でできている

まず二十六対四十七では勝負は決ったも同然であるという、アルファベット対仮名の数の比較を取上げてみよう。

この比較は、私の言う本来的に比較できないものの誤れる比較の一つであるのだが、その理由はまず日本語と例えば英語の音節（シラブル）構造の相違および音節の数の決定的な相違に求められる。

ここは専門的な言語学の議論や証明を行う場ではないので、出来るだけ簡単に説明すると、まず日本語の音節数は現代語でわずか百を少し越す程度なのに、英語のそれは一体いくつあるか分らないほど多いという、言語構造上の対蹠的《たいせきてき》とも言うべき性質の違いを指摘する必要がある。日本語は世界の言語の中でも、音節数が少ない方の代表格なのである。

音節とは何かを難かしく言えば面倒であるが、一応一つないしいくつかの単音が、ことば（単語）の中で一つのかたまりをなし、たとえて言えば、竹の節《ふし》のようになって、ことばを作っている音声学上の単位であるとしておく。日本語の「蚊」はカで一音節語であり、「犬」はイ・ヌで二音節、「頭」はア・タ・マで三音節語という具合に使う。英語では犬 dog もストライキ strike も共に一音節語であり、コーナー corner は二音節語、エレベーター elevator は四音節語である。

この音節の種類と数が英語ではいくらあるのかということが実は分っていないらしい。それほど種類が多いのである。英語と日本語の対照比較研究を長い間専門にされている楳垣実《うめがきみのる》教授が理論的に推定されたところによると、三千近くになるという。私も知人のアメリカ人言語学者たちに尋ねてみたが、誰一人としていくつあるかを知っている人はいなかった。

この事実は何を意味するかというと、英語という言語にとって音節の数は、学問的にも実用的にも殆んど重要性を持たないということなのである。そしてもし英語が日本語のように音節文字を使えば何千という種類の仮名に相当する文字が必要になってしまうということである。

第二に音節それ自体の構造にも、日英両言語の間には非常な違いがある。先にストライキは英語で strike で一音節だと言ったが（これは日本語では五音節である）、この例でも明らかなように、英語の音節はきわめて複雑な音のかたまりであることが多い。いま子音をC、母音をVで表わすとすれば、英語の音節には CCCVC, CCVCC, CVCCC, VCCC のような母音を中心にして前後に一つから三つまでの子音を持ったものが無数に存在する。ところが日本語の音節は二、三の例外を除いてすべてが一子音と一母音、つまり CV の型におさまってしまうという、きわめて単純で整然とした構造になっているのである。

この点について楳垣教授の明快な論述があるのでつぎに引用させていただくことにする。『日英比較語学入門』（大修館、一九七三年八版）の一六〇ページで、同教授は《英語でいちばん複雑な構成でできている語は strengths〔strenkθs〕/strenkθs/〔これは一音節である――著者注〕だが、その構造を抽象すると、要するに「子音・母音・子音」（CVC）構造に過ぎない。あらゆる構造の語が、すべてこの構造であると解釈されるのだ。》と述べておられる。つまり母音の前後にある子音連続を、それぞれ抽象的な一個の子音とみなせば、英語のすべての音節はCVCを基本型とすると考えられるというのだ。このような問題整理をしたあとで、同教授は日英語音節の比較を以下のように進めている。

日本語と英語の音節構造をくらべてみると、次のように違っている。

日本語「子音・母音」　CV
英語「子音・母音・子音」　CVC

英語では子音がひとつ多いだけである。ところが、このたったひとつの子音が、天地雲泥の差を生み出しているのだ。

「子音・母音」という結合は、「母音・子音」という結合にくらべると、よほど密接である。イェスペルセンも『音律論』の終り近くで、num, tot, member の例をあげて、母音（音調の頂点）の前の子音がほとんど常に短く、後の子音の長い事が甚だ多い、と述べている。日本語の音節は、そういう事情から、子音・母音と切り離して考えられない一体として感じられるのが普通で、日本で音節文字（仮名）が生れたことも、当然のことだが、またその仮名がこの感じをいっそう強めたことも否定出来ない。この因果関係は循環する。だから日本語の音韻単位は「音節」であって、それをさらに「音素」にまで分析する必要はないと説く学者もある。

その理由は、子音は常に母音の前に現われて音節を作るのだから、子音の独立性というものが、英語にくらべて非常に弱い。音そのものがきこえも弱く、常に母音の前に現われるため短かく、音節構成では母音が主役であるのに対して、いつもワキ役なのだから、極めて影が薄い。音節での母音の比重はおそろしく大きいのに、子音は比べものにならないほど小さい。まことに日本語の子音は、音節副音と言うよりも音節従音とでも言うべき弱さである。これは撥音、促音のような特殊音節以外に、子音が単独にも、また母音の後にも、現われないことに原因があるのだ。

英語の音節で、母音の後にも子音が現われるという構造は、子音の独立性、子音の音節内での比重を、日本語の子音に比べて、おどろくほど強いものにしている。こういう音節構造の言語では、話し手は子音を単独に強く意識せざるを得ない。だから、文字も当然単音文字（ローマ字式）にならざるを得ないし、また文字が子音意識を強めるという因果関係の循環も起こることになるのだ。（『日英比較語学入門』一六〇―一六二ページ）

仮名表記はよく工夫されている

楳垣教授の論旨を（少し非科学的ではあるが）大袈裟に言い替えると、日本語には欧米諸語に見られるような本来的な子音がないとさえ言える。事実外国語の教育を受けていない普通の日本人には、tやkのような単独の子音や、prやstrといった子音の連続を正確に発音することは容易ではない。殆んどの場合、子音の後に小さく母音をつけてしまうのである。これは至極当然のことであって、日本語は音節の構造上、このような単独の子音および連続子音に対する必要が全くないからである。

このようなわけで日本語では、人々がことばを日常使う実際のレベルにおいては子音と母音がしっかりと結合した音節だけを問題にすれば事が済む。しかもこの音節の数たるや僅か百二（数え方によっては百十二）という少数であるために、その一つ一つに固有の名称つまり文字をふりあててしまえば、すべての用が足りる。その上、同一の文字に濁点や半濁点を加えるという工夫をして、ta-da, pa-ba のように日本語の構造の中で相互に密接な関係を持つ音節をば、た―だ、ぱ―ば、のように基本的には同一の文字で表わしたり、kya, pya のごとき、いわゆる拗音を含む音節を、きゃ、ぴゃという具合に二つの文字を合成して表わすことにしたため、必要な文字の数がただのいろは四十七（八）で済むことになったのである。

日本語が仮名という音節文字を使っていることは、以上のように日本語の音声構造上の要求を、最少の文字で過不足なく表わすために、実によく工夫されているものなのであって、言語の構造上の必要から、単音に固有の文字をあてざるを得ない西欧諸語のアルファベット二十六文字と、数の上だけで比較することはまったく意味のないことである。

もちろん日本語を西欧のアルファベットを用いて書き表わすことは可能である。しかしいわゆるローマ字表記は、日本語の構造の見地からは無意味で不必要なレベルに、一段進んで音を表記するという過剰表記になる（そこでたとえば日本語をローマ字で書くと長くなる）だけでなく、同一のことばが場合によって相互に関係を保ちながら、しかし違った音で発音されるという（形態音韻論上の）日本語の特性をも表わしきれない結果になる。

たとえば鳥と山鳥という二語に含まれる同一の要素「とり」は、山鳥の場合には普通連濁して「どり」となる。このとり対どりという仮名表記は、両音節の相違を示すとともに、もともとの同一性をも保持しているのである。この点は旧仮名遣いではさらに明瞭に示されていた。たとえば、一羽、三羽、六羽のような場合、いちは↕さんば↕ろっぱと、三者が共有する「羽」がすべて「は」という文字およびその変形である「ば」と「ぱ」という形で示される。ローマ字にすればこの形態音韻論的な連絡は断ち切られ、w、b、pという別々の文字になってしまうのである。

日本語の仮名にその典型を見る音節文字を、ヨーロッパ言語に用いられる単音文字アルファベットに比べて、進歩の後れた文字であるかのように思う人が跡を絶たないのは残念である。ことに専門が自然科学の領域にある学者の中に、このような単純な文字進化の系列を信じている人が多い。

しかし仮名が漢字という象形文字から出発して、まだ単音文字になりきれない未発達な段階の文字と見ることはまったく誤りである。空を飛ぶ鳥類の翼は、爬虫類の前肢が進化発達してできたものであるが、だからといってこの翼とトカゲの前肢を比較して機能上の優劣を論ずるような愚かな動物学者はまずいないだろう。前者は鳥が空中を移動するという目的に向って変化したものであり、後者は地を這う必要が昔も今も変らないという、トカゲの生活構造に適応しているからである。

文字の場合にもまったく同じことが言える。たしかに単音文字は表意文字、あるいは音節文字から一歩前進したものであるが、これだけの事実から、前者が後者よりもすぐれているということはまったく意味がない。文字体系について考えるべき一番大切なことは、その文字が書き表わそうとする言語の、構造から来る要求にどれだけ充分に応えているかなのである。

たとえば今世紀初めにオスマン・トルコ帝国が崩壊し、ケマル・パシャの指導の下に成立したトルコ共和国は、帝国時代のアラビア文字を廃止し（一九二八年）、ローマ字を採用して成功を収めた。

しかしこの場合には当時の識字率が全国民のわずか三〇パーセントでしかなかったこと、改革の狙いの一つにトルコの社会を、イスラム文明圏からヨーロッパ文明圏に向って方向転換させる意図があったことなどの社会的な理由に加えて、文字改革が成功した第一の原因は、それまでトルコ語を表記するのに用いられていたアラビア文字が、トルコ語という言語の構造にまったく合わない不合理なものであったことである。一例をあげればアラビア文字は母音を表わす本来の文字を持たないのに、トルコ語には区別して表記される必要のある母音の数がなんと八種もあるのだ。言語の構造からだけ見てもトルコ語のローマ字化は正当な、そして歓迎すべきことだったのである。

日本語の文字改革に賛成し、なにかと協力をおしまなかった学者の数は非常なものであった。しかし私がここに述べたような、日本語の音節数および音節構造の特徴に立脚して仮名を弁護し、二十六文字対四十七文字といった問題の立て方自体が、西洋語中心的な考えであることを指摘した学者は多くなかったようである。むしろ福田《ふくだ》恆存《つねあり》氏のような文学者が、いわば鳥の翼と、トカゲの足の優劣を問うことの愚をはっきりと指摘していたのは皮肉である。

また文字は何でも母韻と子韻との區別《くべつ》あるものがよいとは言へない。その區別を全く必要としない言語もある。日本語はその必要がなかつた故に、音節文字である假名《かな》が發生《はつせい》したのである。その必要があつたならば、假名文字が發生した時期に、母韻と子韻とに分けて表記することが當然《たうぜん》行はれねばならなかつた筈である。

（福田恆存『國語問題論爭史』六〇ページ、新潮社、昭和三十七）

このようなわけで、仮名文字は**巧みに**日本語という言語の特質を**適確に**とらえたものであり、たとえ世界の文字の**大勢**をローマ字アルファベットが占めるようなことになっても（しかし後でふれるように、世界で現在用いられている文字は実に多種多様であり、近い将来にローマ字アルファベットにすべてが統一される傾向だなどと思う人がいれば、認識不足も甚だしい）、日本語の構造それ自体が変らない限りは、国際通用性（それも他国本位の）に欠けるとか、タイプライターが小型にならぬといった便宜主義の立場から、仮名を捨てようなどと愚かなことを考えるべきではない（注、ワープロ、パソコンの出現によってこの問題もなくなった）。

ユダヤ人の言語観

この点で私が他者志向、大勢同調主義の傾向が非常に強い日本の人々に、特に留意して欲しいと思うのは、ユダヤ人の言語観である。イスラエル建国に際して、彼らは世界の言語史上、前例のない、死語を復活させるということを敢行した。

ヘブライ語を完全な死語と見るかどうかは問題があるにせよ、この言語が特定の宗教的な目的だけに用いられていて、民衆の日常生活の生きた言語でなくなっていたことは事実である。そのヘブライ語をイスラエルは国語として復活し、現代生活の必要に応えさせるべく懸命の努力を重ねて、成功したのだ。見る人の立場によっては奇蹟とも、あるいは暴挙とも考えられるこのヘブライ語復活の是非、得失を私はここで問題にしようとするのではない。

私が興味を持つのはその文字のことである。イスラエルはこれからの国語としてのヘブライ語を書き表わすのに、古代ヘブライ文字を使うことにしたのである。ヘブライ文字は、御存知の方もあると思うが、ローマ字系統の文字とはまったく別であって、書き方もローマ字とは異なり、右から左へと書き進むものである。

人口わずか二、三百万の小国が、二十世紀の現代において、それこそ**世界の大勢に背いて**、きわめて特殊な、ごく限られた地域以外では使われていないこの文字を国字として採用したのである。

しかもイスラエルに移住（帰国？）して来るユダヤ人は、大多数がヨーロッパ系の言語で育ち、教育も受けてきている。従って彼等が今まで馴れ親しんで来た文字は、ローマ字とロシア語系のキリール文字が大部分である。キリール文字とはギリシャ文字の変形であるが、基本的にはローマ字と似た点が多い。

私がここで考えてほしいと言うのはつぎの点である。イスラエルに移住して来たユダヤ人が、ヘブライ語を国語として新たに学習する際に、せめて文字だけは、彼らの大多数が使いなれた、**国際性のある**ローマ字にした方が、実用的な便利さは測りしれないものであったろうにと言うのである。それに言語の構造自体から言っても、ヘブライ語はローマ字で表記しても特に問題はないのである。

それにもかかわらずイスラエルは敢て国字にヘブライ文字を採用した。いや**敢て**などというのは、私たち日本人の感覚からの考えすぎであって、おそらく彼らは、ヘブライ語を書き表わす文字を、ローマ字にしようかなどと考えたこともなかったのではないだろうか。ヘブライ文字とヘブライ語は、一つのものの表と裏であり一体なのである。

私はユダヤ人の言語観をさすが見上げたものだなどと言うつもりは毛頭ない。ただ彼らが示す父祖の言語に対する異様なまでの執念、他者をかえりみない自信、そして言語と民族の本質的一体感を見るにつけ、約一億一千万(もっとも国語改良運動が始まった明治期には、まだ四千万程度であったが)もの使用者を持ち、死語どころか、建国以来二千有余年の間、連綿と一瞬たりとも途絶えることのなかった日本語を、そしてその文字を自から進んで捨てようと変えようと主張する日本人の、母国語に対する執着のなさ、無頓着さと、それを支えている大勢順応主義および便宜主義的言語観を、ここであらためて見直してみたいだけである(章末注)。

以上で日本語を表記するのに、仮名がいかにすぐれているかが明白になったと思うが、それならば日本語は仮名だけでよい、つまり漢字は不用なのかと思う人がいるとすれば、それは早合点というものである。

何故ならば漢字は日本語の基本体質の中にすでに深く喰込んでしまっており、もはやこれを異質の外来要素として排除することはできない。ただ単に長く使用したため慣れ親しんでいるという以上の、言語機能上の多くの問題がそこには見られるからである。

2　日本語の表記としての漢字

周知のごとく、明治以後の国語国字改良主義者たちの攻撃目標は、仮名のみに向けられてきたのではない。いや攻撃の主目標はむしろ漢字にあったと考えることができよう。幕末の前島密の「漢字御廃止之議」から、戦後の国語審議会に至るまで、この「学習に困難な、原理的に遅れた、そして国際性を欠き、社会文化の発展の阻害要因としての漢字」を、どうしたら日本語から放逐できるかが、熱心かつ執拗に求め続けられてきたのである。

私は以前から、日本語の表記に用いられている漢字の問題には、世界の言語のどれにも見られない、非常に興味深い言語学上の幾多の事実があることを指摘し、英文および和文の両方で論文を発表してもきた。最近になって、私の見解と全面的に合致する国語学者のすぐれた労作も出てきているので、ここであらためて日本語の表記に用いられている漢字が、西欧人の言語観に支えられて発達した近代の言語学が把握しきれなかった、そのくせ日本人ならば（なまじ西洋の学問を修めた学者以外は）誰でもうすうす感じていた、「文字も言語それ自体の一部、つまり不可欠な構成要素である」という事実を、つぎに論じてみたい。

私の主張はほぼつぎの二点に集約することができる。第一は、日本語表記としての漢字は、主としてその音訓二重性の故に、原理的には表音表記であるヨーロッパ諸国などでは想像もできないような、本質的な影響を日本語という言語に与えている事実である。第二は、日本語の中に用いられている漢字は、音声を表わす代理記号としての文字表記であるよりは、むしろそれ自体が**きわめて視覚的な性格を持つ独立した伝達媒体**となっており、音声と併立し、これと密接な相補関係に立っていることを明らかにすることである。

ここでことわっておきたいことは、私がこれから述べる事実は、事柄自体としてはごくありふれたものだということである。しかしそれがあまりに日本人にとって身近で当り前すぎる現象であるために、かえってこの事実がいかに世界の言語の中で例を見ないものであるかという認識がこれまで欠けていた。このためそれが必然的に意味する彼我の言語観の相違にまで深く立入って考えられたことがなかったことを示したいのである。

日本語の漢字表記が持つ特殊な性格に対して、このように私たちの自覚が足りなかった原因の第一として、なまじ漢字というものが古代中国に由来し、現に今でも中国で用いられているが故に、日本語の表記としての漢字を、**日本語固有の問題**として日本語の枠組の中で追究するという姿勢が弱かったことがあげられる。

たしかに表記の素材としての漢字は、大部分が中国伝来のものであり、今なお共通のものも少なくないが、日本語の中に取入れられた漢字はすでに機能その他の点で、中国語の漢字からは独立した別個のものとなっており、むしろまったく関係がないと考えるべきである。これは英語やフランス語の表記に用いられるローマ字アルファベットが、ラテン語に由来するからといって、英語の表記の問題を考えるときに、ラテン語との関連を考慮する必要がないのとまったく同じである。

欧米は正しいという先入観

第二の原因は、主として欧米の学者によって築かれた近代言語学の持つ、かたよった言語観の影響を、明治以来の我国の言語学が強く受けてしまったため、文字の問題を言語学の範囲の外にあるものとして軽視するか、あるいは文字をばその背後にある音声の研究の手がかりという意味においてだけ扱ってきたことである。

言うまでもなく欧米の近代言語学は、めざましい成果をあげてきた。しかしそこに一貫して流れる言語観は、たとえそれが強力なものであっても、結局は一つの言語観にすぎないのである。ところが止むを得ないことではあるが、この西欧的言語学に刺戟され、その圧倒的影響の下に育った日本の言語学者の多くは、ヨーロッパ系の言語とさまざまな点でかなり異質の性格を持つ言語である日本語を眺めるに際して、どうしても西欧語向きに整理された視点や枠組を通してこれに対してしまう傾きがあったのである。もっともこれはなにも日本の場合に限った現象ではないので、トルコや中国のような、我国と同じく、西欧の挑戦に応える形で近代化に立上った国々の学問にも等しく見られる現象である。

これらの国に一様に見られることとは、必ずしも自分たちの言語に重要な意味を持たない問題を、ことさら無理して問題にし、反面そこで当然取上げられるべき大切な問題を、たまたま西欧語の内部には存在していなかったというだけで、見すごしてしまうということである。たとえば十九世紀から二十世紀中頃までの中国の文法学者の間でたたかわされた、一体中国語にはいくつ品詞を認めたらよいのかという品詞論争などは、その典型の一つである。私はすでに『ことばと文化』（岩波新書）の中でこのような主張をなし、実際に人称代名詞の問題をとりあげて、日本語の問題を西欧語からの視点から独立して扱うと、どのような結果が出るかの一つの実例を示した。

私がこれから取上げようとしている日本語における漢字表記の問題も、まさにこのような、もともと異質の対象を整理するために構築された理論を、自国の現象に無理にあてはめようとする誤った努力の被害をこうむったものの一つである。

そこで順序として、これまで西欧の言語学の中で、表記と言語の関係はどのようなものとして捉えられていたか、つまり西洋人の文字観を簡単に振返ってみることから日本漢字の特質を考えて行くことにしよう。

これまで国語国字問題に関心を持った人々の言語学的素養は、イェスペルセンやブルームフィールドといった学者たちの著作が下地になっている場合が少なくない。そこでこの二人の言語学者に見られる文字観を検討することから始めたい。

3　文字は言語ではないという西欧人の文字観

デンマークの世界的な言語学者であったオットー・イェスペルセンは名著 *The Philosophy of Grammar*（一九二四初版）の中で、文字と言語の関係についてつぎのように述べている。

　喋ったり、耳できいたりする言葉こそ、言語にとって第一義的なものであり、書いたり、読んだりするときに用いる二**義的な文字**より遥かに重要なものである。……我々がもし一瞬たりとも、文字とは話すことの代用品であるという事実を忘れるならば、言語とは如何なるものであるか、また言語がどのような道筋をたどって発達して来たかを理解することは、決して出来ないだろう。（同書一七ページ）

イェスペルセンの著書に遅れること約十年、アメリカでは *Language*（一九三三初版）と題する本が、レナッド・ブルームフィールドによって出版され、構造言語学の確固たる基礎を築くとともに、言語学の「聖書」として、その後のアメリカ言語学の方向に、決定的な影響を残すことになったのである。

　この中でブルームフィールドは、文字表記について、イェスペルセンとほぼ同じことを、しかもさらに断定的な言葉で述べている。

文字は言語ではなく、ただ単に目に訴えるしるしによって、言語を記録する一つの方法にすぎない。……ある言語は、いかなる種類の文字表記を用いても全く変らない。このことは、一人の人がどのように写真をとられても、一向に変らないのと同じである。……書かれた言語を研究するためには、言語について多少知識がなければ困るが、その反対、つまり言語を研究するためには、文字表記の知識はなくてもよい。（同書一一ページ）

二十世紀前半の欧米における言語学の流れの中で、きわめて重要な位置を占めていたイェスペルセンとブルームフィールドの、このような《文字とは言語そのものの外にある、言語の代用品であり、不完全なうつしである》とする考え方は、一九五三年にハーヴァード大学の心理学教授J・B・キャロルが、言語学とその関連諸科学について概説した *The Study of Language* の中で下した言語の定義にもそのまま引きつがれていく。キャロルによれば言語とはつぎのようなものである。

一つの言語とは或る人間集団によって、人々相互の伝達に於て使用され、又は使用され得る、恣意的な音声あるいは音声連続からなる、構造を持った体系である。（同書一〇ページ）

この音声以外は言語ではないとする立場は、以上のように今世紀前半の世界の言語学上のいわば通念であり、言語研究の前提でもあったのだ。

したがって、明治以来多くの言語学者が欧米に留学して西洋言語学の成果と手法を学びとり、戻っては日本語の記述、起源、方言研究などに目ざましい活躍を見せたにもかかわらず、文字の問題にあまり関心が示されなかったのも、ある意味では当然のことと言えよう。

西洋の言語学は一面的である

しかし私がこれから述べるように、実はこの文字論の領域こそ、日本語を母国語とする日本の言語学者が、西洋人の言語観の持つ偏った一面性を具体的な実例をもって示し、かつ西欧の言語のあり方を規範とした性急な国字改革論に反省をうながす説得的な事実を提供できた分野なのである。

たしかに、西欧の学者たちが主張したように、人類の長い言語の歴史から見て、人間が文字を使い出したのはごく最近のことであり、現在でもまったく文字を持たない民族が少なからず存在する以上、言語とは第一義的には音声言語のことであるとする考えが、基本的に正しいことは事実である。また文字を持つ人々の場合でも、話したり、聞いたりすることの方が、大多数の人にとっては、書いたり読んだりすることよりもはるかに重要であることも疑う余地がない。

しかし私は、すべての種類の文字表記が話し言葉の代用品であり、文字とは言語の単なる受動的な影のようなもの、つまり文字は本来的な言語の外側にあるという考え方には賛成しかねるのである。

私の見るところでは、いかなる言語も、ひとたびなんらかの文字表記を持つようになり、そしてある程度の時が経つと、その言語は文字表記が原因で、それがなかった場合には考えられない具合に変化して行くものである。この意味で文字表記は単なる音声の代用品でもなく、また受動的でおとなしい容器でもない。文字と音声言語の間には密接な相互作用があり、文字は時がたつにつれて言語にくい込んでいくものなのである。したがって、言語を研究するには文字の知識が不必要どころか、文字の組織について充分知らなければ、永久に解けない言語の問題が少なくないのである。

ただ表記の性質によってこの言語と文字の本質的な結びつきの程度にはかなりの相違がある。文字表記が原則的に表音主義によっている場合には、私の言う表記の主導性はきわめて弱く、そのため西欧諸語の場合など、一見したところ文字は言語の本質と無関係に見えるにすぎない。

日本語は表音的な仮名と表意的な漢字、それも日本語特有のはたらきを持った漢字の両者をあわせて文字化されている。ところがこの漢字表記の部分が世界の言語に例を見ないような独特の構造を持っているために、日本語においては表記も言語そのものを構成する重要な要素となっており、それが今なお日本語を積極的に変化させて行く力の一部ともなっているのである。

4　文字も言語そのものである

文字という手段によって行われる音声の表記は、ひとたび確立し安定すると、きわめて保守的な傾向を示すものである。日本語や英語の場合に見られるように、数百年にわたって、少なくともその基本的な部分は変らないといった例も少なくない。

これは一つには、表記の伝承というものが意識的な教育の対象であり、文字は努力して学習されるものであるから、規範性と超時代性（通時性）を生じ易いのである。

これに反し、もっぱら無意識教育によって習得され、伝承されていく言語の音声面は、特別の宗教的、文化的要請のない限り、固定した文字表記とは無関係に、比較的急速に変化することが知られている。

そこで多少とも歴史を持っている表記体系には、程度の差こそあれ文字と発音との間に、くい違いやずれが見られることも周知の事実である。英語やフランス語のように、発音されない文字が表記の中に数多く含まれている言語は、表記が確立した後で、発音が大幅に変化した好例である。新仮名づかいが採用されるまでの日本語も同様であった。

この表記と発音のくい違いは、しかし教育が社会の一部に止まって、大多数の国民が文盲の状態におかれている限り、また人々が生れた土地をあまり離れず、通信交通の手段も未発達の状態にある限り、大きな言語上の問題とはならないものである。

綴字発音の面白さ

ところが教育が国民に普及し、文盲が減少するにつれて、表記と発音のずれに関する充分な知識を持たないものが、慣行を無視して、ある特定の言葉の表記を自分の持つ一般的な読解力に従って、書いてある通りに読み始める現象が起ってくる。これは社会の流動性が増大し、見知らぬ土地に人々が容易に行けるようになっても起るし、遠い地方のできごとを、新聞などで読むことからも生じてくる。この現象が綴字発音（spelling pronunciation）であり、これは私の分類によるとつぎの三種に区別されるものである。

第一は文字が手がかりとなって、古い時代の発音が復活するタイプである。この種の綴字発音は表記体系が元来は表音的である言語に見られるもので、英語には例が多い。

イギリスの中南部にDaventryという町があり、土地の人々は長い間、自分たちの町をデイントリ〔déintri〕と呼んできた。ところが近頃になって、外部の人々がこの町の名を綴り通りに発音してダヴェントリイ〔dævəntri〕と称することから、地元でもついにこれに従ってしまった。

現代英語の綴りの大部分は、中世末期において印刷術が拡まった時点で、確立固定化したものが今に及んでいるのである。従ってこの町の名の表記が成立した当時は、発音と綴りがほぼ対応していた（と言うよりは発音通りに書き表わしたと言うべきであろうが）、と考えられるので、Daventryを〔déintri〕ではなく、〔dævəntri〕と改めて発音することは、この語が中世末期から現代までの数百年間にたどってきた発音変化の道程を一挙に否定して、昔の発音にほぼ近い状態に再び戻ったことになる。

日本語でも京都の地名深草が「ふこうさ」となっていたのに、不幸との連想からきらわれ、昔の「ふかくさ」に戻ったとされているし、現在仮名表記を原則とする動植物名などにおいても同様の例が見られる。たとえば頬白という山野に普通だった小鳥がいるが、生活の場面でこの鳥の名を耳にする経験を持たなくなった若い人々の中には、これをホホジロと発音しホージロと言わない人が多い。鳥の本などにホホジロと書かれていたためである。

　このように現代の発音と対応しなくなった表記がきっかけとなって、古い昔の発音が復活する現象を、私は先祖返り型（atavism）の綴字発音と呼んでいる。ある言語に含まれる、言葉の発音がこのようにAからBに急に変化したことを、その言語の文字表記の知識がない者に、どうして納得の行く説明ができるだろうか。そして文字のない民族では、ある言葉の昔の発音がこのようによみがえることなどあり得ないのである。

月寒とツキサップ

　綴字発音の第二の型は、**日本語に固有の漢字の読み方**を媒介として起るもので、従ってヨーロッパ諸国語のみならず、漢字の本家の中国語にも見られないものである。北海道札幌の地名である月寒は、元来はアイヌ語のツキサップを月と寒の字をあてることによって、不完全に表記したものだった。ところが、この土地が有名になると、そこを訪れたことのない人、この地名が正しく発音されるのを耳にしたことのない人々が、これを表記通りツキサムと呼び始めた。今ではNHKもこれをとり、地元もそれに従っている（このように郵便、鉄道、放送といった全国的な拡がりを持つ、地名を扱う機関が、いわばよそものの発音を、現地の人に強制してしまう例は世界共通である）。

　ところでこの新しいツキサムという発音は、月寒という漢字表記に含まれていた寒の字の、一般的な訓読みを採ったためにできたものである。そこでこの新しい呼名と古い名称の間には、音声変化上の連続性がまったくないことになる。サップが時代と共に変化してサムになったのでも、その逆でもないのである。樺太の敷香（シスカ）が一時シッカと発音されていたのも、まったく同じしくみによる。

このように新旧発音の間に**音声変化の連続性がなく**、はじめ近似的にあてた漢字が、いつの間にか本来的な読み方で通用するようになる型の綴字発音を、私は突然変異型（mutation）と名づけている。この場合にも日本独特の表記が発音つまり言葉をあらぬ方向に変化させたのである。ツキサップが初めから一貫して仮名書きであったなら、ツキサムという地名は生じなかったのである。

第三の型は詩人の土井（ツチイ）晩翠《ばんすい》が、いくら訂正してもドイと呼ばれることに業をにやして、ついにドイと改名したというエピソードに典型が見られるものである。

日本人なら誰でも知っているように、我々が日常用いる重要な漢字の大多数は、音と訓という二通りの異なる発音を持っている。場合によっては二通りどころか、幾通りもの読み替えが可能なものも少なくない。とにかく日本語に取入れられている漢字は、原則として訓読みと音読みができるという意味で、前後に二つの異なった顔を持っていた古代ローマのヤヌス（Janus）の神のような性格をそなえている（この点については再び後でふれる）。

考えてみると日本漢字の音（オン）とは、その漢字がもともと古代中国で持っていた発音の後裔であり、訓とは、その漢字が表わす意味に対応する、本来の日本語（大和言葉）なのである。

そこで土井のツチをドと読み替えるということは、一つの言語から、系統の違う別の言語へと移ることなのだ。私たち日本人にとっては、格別珍しくもないこの訓と音の読み替えとは、実はとても素晴らしいことなのである。

中国が漢字の本家であるために、日本語の中の漢字の問題を論じる際に、これまでしばしば中国文学や漢文の専門家の意見が重視されてきた。また新中国で漢字廃止の運動が起ると、本場の中国でさえ漢字を不便がって廃止しようとしている（章末注）。日本もバスに乗り遅れるな式の議論がしばしば出てくる。また中国で新しい簡体字が作られると、日本語の略字体をこれに揃えた方が便利だと言い出す人もいる。

このような考えがいかに当を得ていないかということは、中国語の漢字には音と訓の二重性の問題がないという言語上の重大な相違点を指摘するだけでも充分なのである。中国語の漢字と日本語の漢字を同列に扱うような発想が跡をたたないので、ついでに少し憎まれ口をたたくと、漢字の問題でどうしても中国と歩調を揃えたい、日本一国では世界の文字言語の中で孤立をしてしまって不安だというならば、中国に使節を派遣して、日本は漢字を止めないから中国も止めないで欲しいという提案をすることも、一つの考え方としては、取上げてみる価値があろう（章末注）。

簡体字の問題にしても、別々では不便だから、日本の方式を採用してはと中国に申入れてみようという発想が何故ないのだろうか。前にのべたイスラエルの例を想い起してほしいものである（先方が受入れるかどうかは別問題であるが）。

シロウマかハクバか

さて少し脱線したのでここで話をツチイとドイの問題に戻そう。土井氏自身の意志にもかかわらず、ツチがドと発音されてしまうことは、今のべたように音と訓が、漢字という表記をつなぎとして融合しているからであり、加えて土井という姓はドイと読む方が一般的であるという事情があるためである。このような同一の表記（文字）の持つ二つの異系統の音的実現の相互乗換による綴字発音を、私は交雑型（crossing）と名付けている。

中部山岳にある白馬岳は昔からの「シロウマ」が最近しばしば「ハクバ」と称されるようになったが、この変化は交雑型を基本としながら、さらに複雑なしくみが加わっているのである。春ともなると、白馬岳の中腹にある大雪渓の雪が解け出し、麓の村々からは日一日とその形が変るのが見える。この雪渓の溶けた形が地形の関係で馬の形となると、それを合図に村人たちは苗代（なわしろ）を作り出す。しろうまとは、しろを作る時期を知らせる馬という意味で、はじめは代馬と書かれたのである。ところが代《しろ》は白《しろ》と音が通じ、しかも雪原は白いため、いつの間にか白馬（シロウマ）と書かれ始め、つぎに白と馬が訓読みから音読みへと乗換えられ現在のハクバとなった。ハクバという読み方をはやらせたのは中央線の急行「白馬」が原因らしい。

代馬《しろうま》→白馬《はくば》の変化は、日本語が持つ複雑きわまりない表記のおかげであり、表音的な仮名だけ、ローマ字だけという表記体系を、もし日本語がはじめから持っていたら、絶対に起り得なかった言語の変化である。

日本語の綴字発音には以上三型の他にも、細かに見て行けば、まだいくつかの類型（例えば亜《ア》米《メ》利《リ》加《カ》から米〔べい〕国という国名が生れる型、すもう→角力《すもう》→角界《かくかい》などの造語の型など）を認めることができようが、主なものはこの三種であろう。中でも突然変異型と交雑型は、日本語特有のものとして注目に価する。

私が綴字発音の現象を取上げた理由は、ある言語が話しことばに加えて文字表記を持つようになると、時が経つにつれて、話しことばしか存在しなかった場合には決して歩むことがなかった道すじに、その言語の音的形態が引き込まれて行くということ、および表記の種類、つまり表音か表意であるかといった違いで、変化の方向もまったく異なるものであることを示したかったのである。このように言語を研究する場合に表記の知識が必要なことは、日本語はもちろん、英語やフランス語の場合でさえ明白である。

語源俗解

文字表記というものを、なにか言語の外側にあるもの、ただちに消え去る音声を、便宜的に恒久化する手段にすぎないとする西欧の言語学者たちの考えに、私が反対する第二の根拠として語源俗解の現象を取上げたい。

これは民衆語源（folk etymology）と呼ばれることもあるが、ある言葉や表現の由来に関して、素人が言語の歴史からみると正しくない勝手な、しかしうがった解釈を行うことである。「チョッキ」は「ちょっと着る」からだといった冗談半分の解釈から、「猫」は「ねずみの子をまつ」

からだとか「ねずみを好む」という習性に由来するといった古人の説など皆これに入る。外国でも古代ギリシャにおいてすでに、このような解釈は盛んに行われたし、現代でもいっこうにおとろえない。

日本語の場合、私がこの語源俗解を特に重要なものと考えるのは、俗解の結果として、ある語の表記がきわめて簡単に変り、もとの言葉とは意味の違う、新しい言葉が生れてしまうという点なのである。

この場合、主たる原因は同音の漢字が日本語にやたらと多いことである。実例で説明しよう。もとは心理学の用語で、現在は広く一般に用いられている概念に試行錯誤というのがある。英語の trial and error を訳したもので、なにか問題を解決する場合に、はっきりとした成算がないのに、あれこれと手あたり次第試みて、そのうち正しい解決を見出す方法を言うのが本来の使い方である。

ところが先日ある言語学者の書いた論文を読んでいると、「思考錯誤をくり返して」という表現に気がついた。なるほど、あれやこれやと思考をめぐらして、何度かの行詰りのあげく解決策を見出すことと、試行錯誤とはその意味内容において実によく似ている。シコーサクゴという音形と、それが用いられる場面だけを与えられた場合に、思考という表記を選ぶことは決して不自然ではないのである。気をつけていると、学生の答案にもときどき出てくるので、すでに確立した表現であるのかもしれない。

危機一髪が一発となるのも同じしくみで、ことばの指し示す情況が酷似しているだけに、音形から本来的でない表記に連絡がすぐついてしまうのである。近頃の学生の答案は、この種の俗解に基づく誤記でいっぱいである。いや必ずしも誤記誤用と片づけるわけにも行かないと思うことがある。「予算を合利的に使う」などという書き方を見ると、はたしてこれは合理的の誤記なのか、それとも語源俗解をふまえた新造語なのかと迷うくらいだ。

しかし表記が一応表音的な言語、たとえば英語の場合などでは、耳できいたある言葉を、以上の例のように、ことばの内容としては一応適切ではあるが、しかしその語の本来の社会的に認められた解釈とは違う個人的な俗解でうけとめたとしても、その俗解が表記の面で直ちに現われたり、誤解が暴露されることは少ない。

たとえば「焔《ほのお》」を意味する英語は flame である。これは「焔を出して燃える」という動詞にもなる。そこで「可燃性の」という形容詞は flammable である。ところが同じ意味で inflammable という in- という接頭語のついた別形も存在する。しかし一般に英語ではこの接頭語は否定概念を表わすことが多いから、inflammable を flammable の反対、つまり「不燃性」と受取る人もいるわけだ。だがこのような個人的な俗解に基づく誤解は、たとえ重大な事故につながる可能性は持っていても、ことばの表記の上には現われてこない。inflammable を可燃と取ろうが、不燃と理解しようが綴りは変化しないのである。

日本語ではこのような場合、ことばの意味を取り違えていることは表記を見ればすぐ分る。準内地米（実は外米の別名）のことを純内地米のことだと思っても、書いたものを見れば誤解していたことが分ってしまう。

このような問題はしかしつぎの同音衝突とも関係してくるので、このくらいにしておくことにする。

とにかく語源俗解という、古今東西をとわず、言語を用いる人間の意識に遍在する語源探求、語源指向の傾向が、日本語の漢字という独特な表記法とぶつかると、非常に生産的な力として作用し、あることばを本来の姿から、どんどんとあらぬ方向に引きつけて行ってしまうのである。どんな表記法を用いようとも、言語そのものは不変であるなどというブルームフィールドの考えは、この点でも正しくないことは明らかである。

同音衝突という現象

表記も言語の実体の一部であり得るという私の主張の第三の根拠は、日本語にみられる同音衝突をめぐる諸現象である。

同音衝突とは十九世紀後半から二十世紀にかけて、フランスのジュール・ジリエロンによって創始された言語地理学が明らかにした、言語変化の重要なしくみの一つである。

彼は、同一の思考範疇に属するが、一応それぞれ別々の意味を表わす二つの異形の語が、音声変化のために同じ形態（音形）になりそうになると、そうなった場合の言葉の混乱を無意識に避けようとして、どちらか一方の語がはじき出されて、用いられなくなってしまうという事実を発見した。

今では古典的となった彼の例をあげると、フランスのガスコーニュ地方では雄鶏を意味する本来の語が見当らず、「雉子《きじ》」とか「助任司祭」といった語がその代りに用いられている。何故かというと、この地方では猫を意味する言葉が、後期ラテン語の cattus から変化してすでに gat となっていたが、そこへ鶏を表わす本来の語である gallus が、この地方に起った〔ll→t〕という一般的な音声変化の結果として、これまた*gat となるところだった（注、＊この印は言語学では実際には存在しないが、理論的には有り得る語形を示す記号）。しかしすでに猫が gat であるところへ、雄鶏までが同音の*gat となれば、田舎の人々にとっては非常に不便なことになる。この二つの語は、よく同時に使われるし、類似の情況で話題になるからだ。つまり同一の思考範疇に属しているのである。

そこで人々は雄鶏をも gat と発音せざるをえなくなる音声変化を避けて、代りに雄鶏のあだ名としてすでにときどき用いられていた「助任司祭」（女性の信者たちに囲まれている司祭の態度が、雄鶏の雌鶏に対する様子に似ているためと思われる）という言葉、および鶏の同類である「雉子」といった言葉で言い換えることによって、同音から来る猫と雄鶏の衝突を未然に防いだのだと解釈されている。

同様の例は英語の let という語の場合に見られる。現在英語には「……させる」という意味で広く用いられる let の他に、一、二の特殊な表現の中に限って用いることのできる「……を妨げる」という意味の let がある。この二つの同形異義の語は、古代の英語では、それぞれの語が持つ母音が違っていたため、両者は形態（音声）の点でも、意味の上でも混同される心配はなかった。ところがその後の音声変化によって、この二つは同形になってしまった。しかし「……をさせる」と「……を妨げる」では正反対の内容であり、しかも同様の情況で用いられるため混同される心配が出てきた。

その結果として「……を妨げる」の let は使用範囲が極度にせばまり、少数の熟語表現、たとえば let ball（テニスの用語）と without let or hindrance（無事とどこおりなく）のみにおいて細々と命脈を保つことになったのである。

また中世の英語には、究極的には「女」を意味する言葉から出てきた queen と quean という二つの語があった。前者は今でも女王の意で用いられている言葉で、後者は悪い女、あばずれを意味する語であった。発音はクゥイーンとクゥエーンと区別されていたために混同されるようなことはなかったのである。ところが近世になると、英語には大きな音声変化が生じ、それまで ea と綴られてエーと発音されていた音節は、すべてイーと発音されるようになった。そのため quean もクゥイーンと発音されるようになって、使い方次第では queen とまぎらわしくなり、ついに quean の方は日常の言語生活から駆逐され、今では地方の方言と、文字を見れば区別できる文学においてのみ用いられる言葉となったのである。

このような例は、ヨーロッパの言語にはまだいくつもあるが、要するに互いに混同される可能性のある、関連した意味を持つ二つの語は、同一の音形を持つことが許されず、もしそのようなことが何かの理由で起りそうになると、必ずどちらか一方が姿を消すというのが、西欧諸語の観察から導き出された同音衝突の原理なのである。

言うまでもないが、二つの語がたとえ同一の音形を持つようになっても、意味が混同される恐れがない場合は、同音衝突は生じない。

たとえば現代英語のbat（棒）とbat（こうもり）は音形がまったく同一ではあるが、使用される文脈が非常に違うので、混同される心配がないため共存しているのである。したがってknightとnightのようなものも意味の点で、前者は「騎士」、後者は「夜」とそれぞれ、まったく異なる意義範疇に属するため、等しい音的形態にもかかわらず衝突を起さない。

この場合、綴りの違いが区別の役に立っているように思われるかもしれないが、実はそうではない。辞書のレベルでは、たしかに綴りの違いは両者を区別するのに役立つが、現実の言語使用の場面では意味が違うことから、用いられる文脈が別となるために区別されるのである。したがって、意味および使い方で区別できれば、綴り（表記）が同一であるかないかはヨーロッパ語ではまったく問題にならない。

同音類義語の不思議

さてここで目を日本語に向けてみよう。『国語学辞典』（国語学会編、一九五五）で同音衝突の項を引いてみると、前述のジリエロンのにわとりの例のあとに、日本語の例として東北地方の北半分で母をアバ・アッパと呼び、南半分では唖をアッパと呼ぶ現象が、母と唖との同音衝突が東北全地域に起った結果、北では唖、南では母のアッパが滅びたためだとする小林好日《よしはる》の説をあげているのみである。

しかし日本語の場合には、同音衝突がいつどの言葉に起ったかの詮索よりも、はるかに言語学的に重大な意味を持つことがある。それは、ジリエロン式の考え方でゆけば、当然真正面から衝突するはずの、数多くの同音語が、同一の意義範疇に属し、類似の概念領域に関係しているにもかかわらず、衝突どころか立派に共存し、しかもどんどん増え続けているという事実をどう説明するのかという問題なのである。

私たち日本人にとっては同音類義の語の存在は身近なものであり、なにかと問題にされることも多いのに、それが世界の言語に通用する同音衝突の一般原理とまったく矛盾する興味ある現象であるということは不思議にも注意されていない。

ジリエロンの学説を知った日本の学者が、対応する現象が日本語にもあるのではないかと探し廻るのは結構なことである。しかしこの学説と真正面から衝突する現象、つまり同音類義の語がはじき出されないどころか、後述するようにむしろ歓迎される傾向すら日本語には見出せるという事実を、同音衝突の原理とうまく調和させるような、さらに一歩進んだ理論的な説明を考えることをしないで、ただ日本語にも同音衝突があったぞと言うことは、どう見ても片手落ちのそしりをまぬかれないのである。

これまで、日本語に見られる数多くの同音類義語（普通同音語と言えばこれを指す）の存在は、漢字制限ないし漢字廃止論に対する有力な反対理由の一つとなってきた。仮名やローマ字だけにすると、類似した意味や、混同されやすい内容を持つ沢山の言葉の区別がつかなくなるというのである。たとえば「夜空にスイセイが見える」と書くと、水星のことだか彗星のことだか分らない。水と彗という異なった表記が区別を助けているというのだ。

この考え方は間違っているわけではないけれども、もしそれだけならば、どうして英語の queen と quean において、表記が違うのに発音が等しくなったというだけで、一方が追放されねばならなくなったのか説明できなくなる。

私の考えでは、同音衝突に関して西欧諸語と日本語の反応がこのように違うのは、言葉というものがどういうものかという考え方、つまり文字観、ひいては言語観が違うからなのである。

5　漢字語は音声と文字の交点に成立する

日本語における同音語の研究は、国立国語研究所の『同音語の研究』（一九六一）をはじめとして決して少なくはないが、そのどれもが日本語では何故このような多くの語が、ヨーロッパ諸語におけるようにお互いに衝突して消滅してしまわないのかという点にはまったくふれていない。

それ故ここでは、どのような同音語があるのかという記述的な問題は必要最小限に止めて何故それらが日本語では共存し得るのかというしくみに焦点をあてて考えて行くことにしたい。

私が日本語の同音語（多くは元来書きことばであるが、それが話しことばにも出てくるものを主として問題にする）を、類別的な見地からまとめた結果は、つぎのようになっている。

第一は上位概念と、それに含まれる下位概念の間に見られるもの。たとえば化学者は科学者という上位の広い概念の一部であり、「あの人はカガクシャだ」という文は、このような包摂的双義性（曖昧性）を持っている。同様に焼失も消失の一種であり、（憲法の）前文は全文の一部である。第二に類似概念を示す同音性がある。例えば学校や病院の類別を示す私立と市立、民俗学と民族学、星の種類を表わす水星と彗星、下水に関する廃水と排水。第三は対立または反対概念に関する同音語であり、排外と拝外（思想）、給水車と吸水車、荒天と好天のような例。第四はある限定された思考あるいは対象領域に関するもの。重症と重傷、会社における幹事と監事、研修員と検収員。精神活動の分野での想像（力）と創造（力）、予言と預言などがあげられる。

　ここで重要なことは、これらはしばしば取り違えられたり、誤解されたりすることがある、つまり明らかに衝突が起っているのに、依然として用い続けられている点である。ヨーロッパ語であったら、とうの昔にどちらか一方は、はじき出されているはずである。

　これは後で詳しく述べるように、日本人が文字表記をも言語の実体の一部と受けとっているからに他ならない。日本人は表記が異なれば同音衝突を苦にしないのである。いや苦にしないどころか、すでに存在するあることばに、音形をわざと合せて、類義の新語をどんどん作り出す傾向さえ見られる。

　辞典と事典、寒冒と感冒、入場料と入城料、遊園地と遊園池といった具合に。このような造語法に一貫して見られる原理は、二つの概念の関連性を示すために、まず同一の音形を使い、つぎにその差異を表わすために異なった表記（文字）を使用していることである。つまり似て非なるものを、言語の音声と表記という二重の構造に巧みに反映させている。だからこそ私たちは、このような新しく造られた同音語に対して「言い得て妙」の感じを一般に持つのである。そこで冗談めいた表現、しゃれ、皮肉といった言葉のあそびにこれが多く用いられるのも当然であろう。

名答と迷答、派出婦に派出夫、「日本人は木用（器用）貧乏だ」などいくらでも例を見出せる。

私たちが用いる言葉が漢字語である場合には、語の音的形態だけでなく、文字表記もことばの一部と感じているということは、同一の音声形態の中に好ましい概念と、不快な連想を持つことばが平気で同居していることからも言える。表わす文字さえ違えば、まったく気にしないのである。月桂（冠、樹）であるとか、聖病（古代ヨーロッパでは、てんかんは症状が、みこが神がかりになった時の状態に似ているので、多くの言語で神聖な病という名で呼ばれていた。例えばイタリア語では male benedetto と言う）などという言葉が作られるのも、よくない連想を押えるのに文字の違いが役立っているからと考えられる。

この点をイギリスの意味論学者のスティーヴン・ウルマンがあげている英語の同音衝突のつぎの例と比べてみると大変面白いと思う。アメリカで今のような性革命が起きて、人々が平気で性に関する言葉を口にするようになる以前のことであるが、ある六重奏団が、楽員の数はまさに六人であるのに、五重奏団と改名してしまった。英語で六重奏は sextet（セックステット）であるため、なにか性（セックス）のことに関係があると受取られるのが好ましくないので五重奏団 quintet（クィンテット）にしたというのである。

日本語はテレビ型言語である

私はかねてから日本語は伝達メディアとしてはテレビのような性格を持っていると主張している。音声を使って話している時でさえも、使われている漢字語の視覚的な映像を同時に頭の中で追っているのである。これは決してすべての人が漢字を一字一画に至るまで、いつも正確に意識しているというわけではない。ある音形をきいたときに、それに対応するいくつかの、意味が関係のある（似ているか反対かなどの）漢字を思い浮べ、前後の関連からどれか一つに決定するという意味である。「……官房長官がシ案を作りました」とニュースできくと、「私案」かな、それとも「試案」かなと一種の絵合わせを頭の中でやっていくのだ。この頃では、アナウンサーが御親切に「こころみ」の案だとか、「わたくし」の方だとか、ちょっと声を落して注をつけ始めたようだが、日常会話でも相手が使った言葉の文字を尋ねたり、自分の用いた語の表記に「さんずい」だとか「てへん」だなどと注を加えることは、しばしば経験する。てのひらを出して字を書き示す習慣も日本独得で、西欧人はペラペラと綴りをそらで言う。私たちは字面《じづら》を思い浮べないと落着かない。

日本語に比べると、表記が原則として表音である言語では、話すことはラジオのようなもので、すべての情報が音声という聴覚的刺戟に託されている。そこで音形が同じで、意味に関連性があるような二つ以上の語は極端に嫌われ、互いに衝突するものとして一方が排除されてしまうのである。

日本語において表記が視覚的な情報源として働くということに対する言語構造上の理由は二つある。この二つは互いに原因であり結果であるという密接な関係に立っているが、現象としては一応別個の事実として考えることができる。

第一はすでに同音語の考察で明らかなように、お互いに同音で、しかも意味がなんらかの点で関連がある漢字が非常に多いということである。例えば「コウ」という発音を持った普通に用いられる漢字の数は、七十五にのぼる。これはポケット版である『岩波国語辞典』(一九六三初版)の見出し項目として出ているものだけであるから、大型の辞書にのっているものを数えれば、その数ははるかに多くなると考えられる。

この七十五の漢字のどれだけが、実際の会話の中で同音衝突を起す可能性があるのかは簡単に決定できない。文の前後の脈絡次第で思わぬところで意味が混同されたり、取りちがえられることがあり得るからだ。荒天、好天や紅海、黄海などは衝突することは確実である。このようなとき、どんな字を使うのかという、表記に関する知識、つまり視覚的な情報が、曖昧性、多義性を解消することになるのである。

しかし同音の漢字が多いということからくる問題は、ただ単に同音衝突が起きるということだけではない。ある特定の音声形式、例えばコウ[ko:]が、数多くの相互に一応関係のない意味に対応し得るということは、その音声形式がそれだけではほとんど自立することが不可能だということを意味するのだ。たとえば最近家庭用プロパンガスの管理が厳しくなり、ボンベ中の液化ガスの量を正確に示すメーターを取付けることが義務とされるようになった。このことを伝えたテレビニュースを見ているとき、「ハッキリツ」が各地の実状によって少しずつちがうので問題が出そうだとアナウンサーがいう。ハッキリツという音声形態を初めて耳にした日本人で、すぐなんのことか分った人はまずいないのではないか。私も瞬間とまどった。ところが字幕に出た文字を見て、なるほどとすぐ分った。それは「発気率」である。つまり液体ガスの重さを直接はかるより、それが気化した量を、メーターの構造上やさしいらしい。そこで気化ガスの量がどれだけのときに、液体ガスがどれだけの重量で残っているかを逆算する規準が発気率なのである。

もし日本語の中で「ハッ」という形態が、ただ一つの意味つまり「何かが生じる、始まる」に対応しているならば、文字がどのようなものであれ、いや文字などなくても、その音をきいただけで意味内容が理解できるはずである。ところが、実際には「ハッ」は発の他に、薄（―幸）、白（―旗）、八（―苦）、法（―度、―被）のような別の語（したがって別の表記）でもあり得る。「キ」の方はもっとひどくて、四、五十の別々の語を表わせる。従って「ハッキ」が一体何のことか分らなくても不思議ではない。ところが文字という視覚情報が、「ハッキ」という音声情報に加えられると、一挙に意味が決定されてしまうのである。

いやそれどころではない。書かれた文字を見て、それをどう発音するか分らなくても、あるいは読み方がすぐ思い出せなくても意味はちゃんと分ることがあるのは誰でも経験することであろう。これはテレビを見ていて、音声を消してもある程度なんのことだか分るのと比べられる。ラジオは消したらおしまいである。

以上の考察から明らかになったことは、西欧諸国の言語のように、文字表記が原則的には表音的な性質を持っている場合には、文字という視覚的情報は本質的には重複性（redundancy）がきわめて強いということである。つまり文字表記はなんら新しい情報をことばという伝達行為に付け加えないのである。だからどのような種類の文字を使っても言語そのものは変らないというような考えが出てくることになる。

これに対し日本語の漢字語では、文字は音声からは別個に独立した情報源であり得るので、音声が等しくても、そして意味に関連があっても、文字さえ違えば同音衝突によるはじき出しが起らないのは当然である。音声形式が等しいことは、語の一部が等しいにすぎない。

この点で同じ漢字を使う中国語の場合と、日本漢字のそれとはかなり違っている。日本語の中に組込まれた漢字の音形は、日本語の音韻体系が中国語に比べて非常に単純であるために、もとの発音とは似ても似つかぬほど簡単化されてしまった。日本語には中国語のような声調(四声)の区別、有気無気の対立がなく、そして音節末の子音の存在を許さない。そこでもとの中国語ではまったく別の音形であった多くの漢字が、日本語に入ると同音になり、中国語では想像もつかないような数多くの同音異義の漢字が生れたのである。このような日本化された漢字の表わす概念(意味)は、もはや音的情報のみでは自立不可能となり、視覚的情報との交点においてはじめて明確に決定されることになった。日本漢字の文字表記は、ある意味を持った音的形態の、代用品あるいは影として存在しているのではなく、その意味と音形を対応させ、両者を結合する役目をもはたしている。漢字語の大部分において、表記は言語の実体そのものであるという主張はまさにこの事実を指すのである。

私は決してテレビ型の言語伝達方式が、ラジオ型よりすぐれていると言っているのではない。両者の得失は、いろいろな問題が絡み合って簡単にどちらが便利とも言えないと思う。私の言いたいことは、まったく異なる原理で動いている日本語と西欧語(そして中国語)を、同一次元で扱うような粗雑な考え方は正しくないということである。

6 「音」とは何か、「訓」とは何か

日本語の中に用いられている漢語や漢字がこれまで正面から日本語の問題として取上げられることが少なかった理由は、これらが中国伝来のものであり、本家はあちらという意識があったためであることはすでに述べた。漢語の専門家は漢文の先生であって、国文学者の出る幕ではない。また漢語や漢字を専門的に扱う辞書は、漢和字典であって、別に国語辞典というものが併存していたのもその間の事情を物語るものであろう。

このように漢語や漢字は、日本語に取入れられて久しい年月を経ていても、学者の受けとめ方は、一口で言うならば外来の要素、つまり外来語という感覚でこれに接してきたのである。

ところがひとたびこのような先入主を捨てて、日本語の中の漢語や漢字はすでに同化順応して、中国のそれとはまったく別物となっているという観点に改めて立つと、今までないがしろにされてきた、いろいろな興味ある問題が浮び上ってくる。

そもそもある言語が文字をよその言語から借用したり、また外来語という形で、他の言語の単語を取入れること自体は、程度の差こそあれ、世界のどの言語にも見られる普遍的な現象である。現代ヨーロッパ諸語においては概念的抽象的な語彙の大多数が、古代ギリシャ語やラテン語からの借用語であり、新しく造語をする場合に、これら古典語の要素を組合せることが多いことはよ

く知られている。

またイスラム文明の担い手であったアラビア語の数多くの単語は、今なお、トルコ語、ペルシャ語、マライ・インドネシア語などにおける高級語彙の母体となっている。トルコの場合などは、一時脱イスラム化をはかるあまり、すべてのアラビア語系の語を駆逐して、純粋のトルコ語（Öz Türkçe）でこれを置き替えようとする努力がなされたが、高級語彙どころか、日常不可欠な多くの言葉までがアラビア語系となっていて、いまさらこれをすべて言い替えることは不可能ということになり、国語の純化運動も中途半端なものに終ってしまった。

他の言語に高級な概念を供給した言語として、インドのサンスクリットも見逃すわけには行かない。東南アジア、南アジア一帯の言語で、サンスクリットの恩恵に浴さない言語は一つとしてないと言っても言い過ぎではないだろう。

しかしここに述べた世界的に見られる外来語授受のあり方と、日本語の中に古代中国語からの借用語が多数混入している事実とは、つぎの点で根本的に異なった様相を示しているのである。

古代日本語はどのように古代中国語を取入れたか

古代日本語に漢語や漢字が取入れられた際に、いくつかの取入れ方の類型があったが、現在に及ぶ影響の大きさの点と、ギリシャ、ラテン、アラビア、サンスクリットなどの言語が、近隣諸国の言語に及ぼした影響との性質の相違という見地からは、つぎの二点が注目されよう。

第一に日本人は、漢字という文字を中国から、そのまま多数借用しておきながら、その漢字から仮名という独特な文字を同時に作り上げてしまったことである。阿と安から「ア」と「あ」を、伊と以から「イ」と「い」をという具合に、元の漢字の意味をまったく無視して、日本語の音節を書き表わす音標記号に漢字を換骨奪胎して、日本語の音節すべてを書き表わすことのできる、まったく新しい文字体系を作った点である。

他の言語から借用した文字をもって、自分の国の言語を表記する際に、借用した文字だけでは自国語特有の、ある種の音声を表わしきれないために、二、三の文字を造って補ったり、元の文字に多少の改変を加える例は決して少なくない。

ペルシャ語がアラビア語から文字を借用したときは、たとえばペルシャ語にあるp、gのような音声がアラビア語に存在しなかったため、従ってそれらを示す文字がなかった。そこでペルシャ人はアラビア語のbを表わす文字ب に、点を二つ加えてپを作り、これをpとしたり、アラビア文字のkであるکに横棒を加えてگとして、gを表わしたのである。ギリシャ文字を母体としたロシア文字の場合も、ш、ц、щなどのロシア語特有の音声を示す文字を追加している。

しかし日本語の仮名のように、借用した文字を、すべて痕跡を止めないほど改変して、自分の言語の音韻体系に合致した新たな文字体系を作り出した例は少ないのみならず、元の素材である文字をも、そのまま用い続けるという二重構造は他に例を見ない。仮名の「い」と漢字の「以」、「あ」と「安」が日本語では漢字仮名交じり文という形で依然として併存しているのだ。

第二は、このようにして作った仮名をもって、元来の日本語の単語を表記しただけでなく、借用語として取入れた漢字を、もとの中国の発音通りそのまま（もちろん日本語の音韻上の制限や癖によって、かなり修整歪曲されてはいるが）用いることに加えて、その同じ漢字、漢語を、それに意味が対応する日本単語の発音をあてて、読み変えることも同時に行なったのである。

言うまでもなく前者は、いわゆる漢字の音読であり、後者が漢字の訓読と言われるものである。綴字発音のところでも少しふれたが、日本漢字の大多数がこのように音読みと訓読みの二通りの読み方を持っているということに対して、私たち日本人はあまりになれてしまって、その意味を深く考えることをしないのであるが、これは非常に素晴らしいことなのである。

例えば水という漢字を考えてみよう。

漢字に内在する力

音は「スイ」で訓が「みず」だということは一体何を意味するのだろうか。これは水という**概念**が（古代）中国語では「スイ」という音形を持ち、日本語では「みず」という形で音声化されるということにほかならない。そしてこのような音声化を受ける以前の、水の**概念**そのものは、視覚に訴える「水」という文字で表記されているのだ。

私たち日本人がある漢字の訓と音を知っているということは、とりもなおさずその漢字で示される概念の、二つの別の言語における音的実現体が、同一の文字表記をつなぎとして頭の中で癒着していることにほかならない。

しかもこのような同一の表記をめぐる音と訓の対応関係が、日本語では非常に徹底しているため、平均的な教育を受けた日本人にとって、宇宙の森羅万象を表わす基本的な概念は、すべて水

（スイ・みず）、火（カ・ひ）、風（フウ・かぜ）、雨（ウ・あめ）、草（ソウ・くさ）、虫（チュウ・むし）、鳥（チョウ・とり）といった具合に、本来の日本語と外来の借用語である古代中国語の対応という形で記憶されているのだ。

運動や動作を表わすいわゆる動詞についても、行（コウ・ゆく）、来（ライ・くる）、歩（ホ・あるく）、走（ソウ・はしる）、立（リツ・たつ）、座（ザ・すわる）、見（ケン・みる）、聞（ブン・きく）、話（ワ・はなす）、食（ショク・たべる）、飲（イン・のむ）、といった調子である。形容詞で言えば、長（チョウ・ながい）、短（タン・みじかい）、大（ダイ・おおきい）、小（ショウ・ちいさい）、軽（ケイ・かるい）、重（ジュウ・おもい）、そのほか前後左右、上中下、内外のような位置関係を示す言葉など、どれをとってみても音と訓が対応している。私が先に日本人が森羅万象について基本的に持っている概念は、ローマの神ヤヌスのように前後に二つの異なった顔を持っていると言ったのはこの事実を指しているのである（章末注）。

もちろん、英語やその他の外国語の場合でも、一つの概念や一つの意味内容が、自国語と借用語の二通りに存在することがないわけではない。たとえば英語で「水」は water であり、同時にラテン語系の aqua- またはギリシャ語系の hydro- などでも表わされる。たとえば aquatic（水棲の）、aquarium（水族館）とか hydrophobia（恐水病）、hydrogen（水素）など。しかし一般の英米人の言語意識の中では、本来の英語である water という語と、古典語に由来するこれらの形態とは、せいぜい併在している同義要素にすぎず、しかもすべての基本概念にわたってこのような対応が見出されるものでもない。

そのうえ日本語との大きな違いは、water《ウォーター》と書いて、アクワ aqua〔ækwə〕とか、ハイドロ hydro〔háidrou〕と読むことができないし、aqua- や hydro- をウォーターと発音することも許されないという点である。

私は外国に行って、日本語の音訓の意味を理解させるために、いつもつぎのような例を示すことにしている。たとえば英語の文章を書く際に、よく用いられるいくつかの省略記号がある。e. g. というのは、「たとえば」と言って例をあげるときに使う記号である。これは、ラテン語の exempli gratia つまり「例のために」という表現の頭文字二つをとったものである。この記号を発音する場合、単にアルファベット読みにして、イー・ジーと言うこともあるが、その意味する内容を英語で言って、for example（フォア・イグザーンプル）と発音することも多い。またさらに一部の教養ある人は、e. g. を本来のラテン語に復元して、エグゼンプライ・グレイシヤとしゃれて読む。つまり e. g. と表記されることばが、ときには英語式にフォア・イグザーンプルと読まれ、ときにはエグゼンプライ・グレイシヤとラテン語読みにされるのであって、これは日本語の音訓の原理と非常に似ている現象である。

このような例は決して多くないが、それでも、「すなわち」を意味する記号 i. e. などはよく用いられる。これは that is と英語で発音したり、id est とラテン語そのままの読み方をされたりする。etc. もエトセトラというラテン語読みに並んで、and so forth と読むことが出来る。英米の人々に、一般の日本人はあなた方が、このような省略記号に限って行なっている、同一表記の英語とラテン語による二通りの読み分けを、ほとんどすべての概念（漢字）に対して行えるのだと説明してやると、彼らは一様に日本人はなんと素晴らしい言語習慣を持っているのかと驚くのである。素晴らしい言語習慣と思うのにはつぎのようなわけがあるからだ。

平均的な日本人ならば**水**族館や**水**素のような言葉に含まれる「スイ」が「みず」のことだと知らない人はまずいないだろう。これは音訓相通の言語習慣のおかげなのである。ところがイギリス人や、アメリカ人の場合には、たとえ *hydrogen* や *hydrophobia* のような語を知っていても、その人々が *hydro-* が「水」のことだと理解しているとは限らないのである。ことば全体として、それが何を意味するかを知っていても、ことばの構成要素が外来のもの、(ほとんどがラテン語かギリシャ語)である場合には、高等な教育を受けた人でない限り、その意味を適確に指摘することができないのが普通である。

漢字と日本人

このことを逆に言えば、実はこのような、言葉の構成要素が、具体的になにを意味するかが、英語では明らかでないために、多くの難かしい言葉、つまり高級語彙は一般の人の理解の外にあることになる。高等な学校教育を受けていない町の人が、私たち日本人には想像できないほど、ことばの面での教養がないのは、これが原因の一つなのである。しかも日本と違って英国などでは、いわゆる高等教育はいまだに国民のごく一部しか受けていないだけに事態は深刻である。

私は先日あるイギリスの小説の中で、若い女のタイピストが、anthropology(人類学)という言葉に出会って、はてこれはなんのことだろうと考えるところに出会った。この女だけ教養がないためなのか、それとも一般のタイピストはこの程度の言葉も知らないのかを私は知りたいと思い、イギリス人の学者で、森鷗外の研究をしているケンブリッジ大学出身の知人に尋ねたところ、大学を出ていないタイピストならば、このような言葉を知らないのは当然だと教えてくれた。

ところが日本語ならばどうであろうか。「人類学」が、正確には何を研究する学問かは分らなくても、「人類」が「ひとのたぐい」、「すべてのひと」を意味する言葉だということは、それこそ中学生でも知っているだろう。しかし英語で anthropo- または -anthrope が、ギリシャ語の「人」を意味する言葉だということは、必ずしも普通人の知識ではないのである。

日本語が漢字を豊富に使い、しかもそれを音と訓の二通りに読むという習慣を確立したことが、高級な概念や、難かしい言葉を一部特権階級の独占物にしないですんでいる大きな原因なのである。

たしかに漢字の学習には時間がかかるかもしれない。しかしひとたび学習された漢字は、日本人の日常卑近な生活のレベルに必要な安定したことばと、抽象度の高い高級な概念とを連結する真に貴重な言語媒体としての機能があったことを、改めて認識する必要があるのではないだろうか。

漢字訓よみ廃止論

ところが、このような漢字の訓読を一切廃止したら、日本語はすっきりするのではないかという提案を行い、かつ自分でそれをある程度まで実行している学者がいるのだ。

社会人類学者の梅棹忠夫《うめさおただお》氏が漢字の訓読み廃止の提案者である。氏は自然科学的教養をふまえた異色の人類学者で、独特の文明史観の展開によっても知られる視野の広い方である。梅棹氏の日本文字についての知識は、狂信的な文字改革論者とは違い、かなり正確である。

梅棹氏は「現代日本文字の問題点」という論文（季刊誌 *Energy* の第六巻第二号、特集＝文字と現代社会所収。一九六九年四月、エッソ・スタンダード石油株式会社発行）の中で、日本語に正書法が確立していないことは情報産業の観点から大問題であるとし、来るべきマン・マシン・システム（人間と機械とシステムが協働すること）の時代において日本が遅れをとり、日本語自体も、新しい時代に不適合な言語であるとして、外国語に全部くわれてしまうことになるだろうと警鐘を鳴らしている。

この梅棹氏のような学者が、一企業の弘報誌とはいえ、既に創刊十年を迎えユニークな編集方針と斬新な内容によって、全国のオピニオン・リーダーと目される人々に注目されてきている *Energy* に発表された日本文字論は、今後とも少なからぬ社会的影響を持つと考えられるので、ここで少し詳しく検討してみることにしたい。

《今日の世界の言語のなかで、その表記法において、日本語ほど複雑な構造をもっているものは、ほかに例がないのではないかとおもわれる。》という文章で始められるこの日本文字論には、まず訓読みの漢字が使われていない。

日本語の表記には、漢字のほかに、カナモジとひらかなという、原理も形式もまったくちががうものが二系列あって、それがまぜあわされながらつかわれている。しかもその「まぜあわせかた」に、ほとんど法則がない。まったく法則がないといってしまうといけないだろうが、きわめてゆるやかな法則しかない。つまり、その「まぜあわせかた」には、さまざまな処方が存在しうるのである。日本語が、その表記法において、構造的にきわめて複雑であるというのは、こういうことである。複雑というより、むしろ不安定というべきかもしれない。

氏はついで、この現代日本語の表記システムの不安定さ、いやむしろ混乱とでも称すべき現象は、いくらでも発見できるとしてつぎのように述べている。

たとえば、文字にかかれた日本語に対して、一定の音声言語としての日本語を対応させることは、ほとんど不可能なのである。高度の知的訓練をうけた人間は、ある程度一定のよみかたでよむことができるが、それはまさに、アクロバティックといっていいほどの技術なのである。しかも、それらアクロバットの熟練者でさえも、ただしくはよめない場合が、いくらでもでてくる。

文字言語から音声言語への変換の場合は、まだ問題がすくない。逆に、音声言語としての日本語を文字言語としての日本語に変換しようとするとき、どういうことがおこるか。それこそ大混乱がおこるのである。ひとつの文章をよみあげて、それを十人の日本人に文字で表記させたとする。その結果は、おそらくは、まさに十人十色であろう。まったくおなじ答案が二枚でてくる公算は、ほとんどない。こういう表記システムは、言語の表記法としては不完全というほかないであろう。

梅棹氏は決して漢字がいけないとか、漢字の訓読みそれ自体がいけないとか、いっているわけではない。文字としては、漢字はいわば、非常によくできたものであると考えている。訓読みにしても、それ自体は、大変独創的な、おもしろい発明であることを認めるのである。しかし問題は、音読みと訓読みの漢字、ひらがな、カナモジがいっしょになって、一つの表記システムを形成しているところにあると考えている。これでは安定した正字法をつくり上げることが、ほとんど不可能だというのである。そこで、

漢字かなまじりという、現代の日本の表記システムを保持したままで、正字法を制定しようとすれば、どうしたらよいのか。おそらくは、可能な唯一の法とおもわれるのは、漢字の訓をやめてしまう、という方法である。漢字は、音だけにしてしまうのである。こうすれば、おくりがなの不統一もなにも全部なくなってしまう。おくりがなという観念が不必要になるのである。

以上やや詳しく引用したように、梅棹氏の現代日本語文字論のねらいは音声と表記の一対一の対応という意味での、正書法の確立にあることは明らかである。書かれたものを見て、一義的に

音声化できる、つまり誰が読んでも同じに読め、また反対に発音された文章をきいて、それがいわば機械的に一定不変の文字になるような規則を持った正書法がなければ、来るべきマン・マシン・システムの時代に、日本語がうまくのれないというのである。

しかし私の見るところでは、この梅棹氏の議論は、大小いくつかの問題を含んでいる。そこでまず小さな問題から取上げて行くことにしよう。

書かれた日本語の文章に一定の音声言語を対応させることは、ほとんど不可能であると氏が言われているが、これはなにも日本語に限ったことではないので、英語の方がある意味ではひどいくらいである。高度の知的訓練を受けた人間ならば、ある程度一定した読み方で日本語を読むことができるが、その際にも軽業師的な技術が必要だと言われるのは、どのような読み方の問題をさすのか、実例が示されていないので、よく分らないが、もし例えば「礼拝」が「れいはい」と「らいはい」と二通りに読まれるとか、「大規模」を近頃の代議士のように「おおきぼ」と読むような、つまり同一の単語がいく通りにも発音され得るという意味ならば、日本語よりも英語の方がはるかに不安定である。

アメリカの英語の発音に関して、標準的な権威とされているケニヨン・ノットの発音辞典を見ても、またイギリスの、それも方言を除外した標準的な英語の発音辞典として、長らく定評のあるダニエル・ジョーンズの発音辞典のどのページを見ても、同一の単語に、二つ三つはおろか、四つ五つの異った読み方があげてある例を見出すのは容易である。

また同一の綴りで表記されるものが、ことばにより違った音声化を受けるという、つまり綴りと発音の非対応という意味でも、日本語と英語は五十歩百歩である。日本語の「生」が「キ」「ナマ」「ショウ」「セイ」等々何十通り以上にも読めるという、人が好んであげる例は、まさに英語の enough, cough, bough, ought, borough, through, though などに含まれる -ough の綴りの部分が [ʌf], [ɔːf], [au], [ɔː], [ə], [uː], [ou] といった具合に各種各様に音声化されるのと好一対である（このような事実は、しかし梅棹氏もよく御存知のはずで、現に同じ雑誌の別の所にある、坂井利之氏との対談において、日本語も困るが英語はさらに始末が悪いということを各所で述べておられる）。

だがこの日本語における文字言語から音声言語への変換の場合は、まだ問題がすくないと氏も認めておられるので、この点はこれ以上問題にしないことにして、つぎに「音声言語としての日本語を文字言語としての日本語に変換しようとするとき、どういうことがおこるか。それこそ大混乱がおこるのである。」という氏の主張を検討してみよう。

たしかに梅棹氏の主張されるように、一つの日本語の文章を読みあげて、それを十人の日本人に文字で書かせたとすると、その結果がまさに十人十色になることは充分あり得ることである。この場合も梅棹氏は実例をあげていないが、おそらく「大混乱」とはつぎのような性質の表記の変動をさすものと思われる。

第一は、どれだけ漢字を使うかが、人によって、まちまちになりうるという点である。もし、読まれた文に、漢字化されうる語が十個あったとすれば、これだけですでに千二十四種の、異なる書かれた文ができ上る可能性があるからである。漢字をまったく用いない人と、十個使う人との間に、それぞれ違った種類及び程度の漢字化をする人がこのように出てくることが理屈としてはたしかに考えられよう。

第二は送り仮名の方式による相違である。「あかるい」という音声をきいて、「明い」「明るい」「明かるい」の違いが出てくる可能性が、さきにのべた漢字化の程度の問題に加わってくる。そこでこのような異なった送り仮名が考えられる訓読みの漢字が、多く使われていればいるほど、結果としての表記の変動の幅は大きくなるわけである。

(もう一つ、同音類義の漢語がありうるような場合、文字化された文が、人によって全然別の意味を持った漢字でなされることも考えられる。だがこの点は梅棹氏が問題としている正書法の混乱には考えられていないらしいことと、読まれるサンプルの文をある程度長く、前後関係が明らかになる程度にとれば、まず防止できるので、一応ここでは考慮外としよう。)

要するに梅棹氏の言う、耳できいた日本文を、いざ書き表わそうとすると、「大混乱」が起きるということは、人により漢字化の程度が異なり、そして送り仮名が一定しないということに帰着すると思われる。しかしこの不統一は、はたして大混乱というような言葉が含意するような、収拾がつかない非常に困ったことであるのだろうか。

どの言葉を漢字で書くべきかとか、ある漢字の送り仮名をどうつけるべきかに関して、規範的で統一的な規則を**決めなければならない**という前提に立つと、日本語の現在の表記法は、たしかに収拾がつかないほど不統一なものに見えてくる。しかし何故、発音されたある文を書き表わす仕方が、唯一でなければならないのだろうか。人によりまちまちでは不便だというのかもしれないが、その不便とは実際どのようなものだろうか。梅棹氏も認めておられるように、「あかるい」に対して「明い」「明るい」「明かるい」のどれが正しいかは本質的に決めようがない問題なのである。強いて言えば、どれも正しいと言えよう。表記されたものは正しく読めさえすれば、目的を達するのである。従って「こまかい」と「ほそい」の区別をするために、前者に「細かい」と送り、後者は「細い」とするような配慮は必要である。しかし「細まかい」と書いても、「細そい」と書いても一向に差支えないわけである。ただ経済性の原則から見て、混同や誤解のない限り、できるだけ少なく送る方が、それこそ便利というものであろう。そこで「明い」「細い」「細かい」というような送り方が一応望ましいとすればよいので、これでなければならぬと画一的に決める必要はどこにもない。日本語の送り仮名を統一しなければと多くの人が考えるのは、実は現代の哲学で言う擬似問題の一つなのであって、画一的な答の出ない、そして**画一的な答を出す必要のない問題**を立てて、勝手に苦しんでいるとしか私には思えない。

西欧の言語を基準にする愚

先進諸国の言語は、いちはやく正書法を確立したのに、日本語だけが、いまだに正書法を持たず、これまで正書法なしにすませてきたことは驚きであると梅棹氏は言われるが、日本語は漢字仮名交じり文という性質と、漢字の音訓両読という特殊な性質のために、画一的な正書法が本質的に**できない**、そして**必要のない**言語なのであって、だからこそこれまで正書法なしですんできたのである。これを語構造の違う西欧の言語の場合と比較し遅れているとか、混乱していると考えるのは非常な間違いである。

音声タイプライターのような機械が将来用いられるようになる場合には、その機械に限って、一定の方式で音声を文字化するように設計すればよいので、日常、人々が行う文字化と、それがぴったり合わなければ困るわけではないし、まして機械に乗りやすい方式に、日常の書き方を合せる必要など毛頭ないのである。以前から電報はカナ書きで実行されている。

最近は自動車の免許証における人名も、一定の法則に従ったカナ書きで表記されるようになった。私の姓名は鈴木孝夫（すずきたかお）であるが、免許証ではススキコウオとなる（章末注）。言語生活全般に通用する画一統一的な正書法が是が非でも必要であるという前提にとりつかれてしまうと、たしかに漢字の訓読みを廃止すれば、不統一は少なくなって都合がよいという方に考えが向って行くのは当然である。

しかしすでに詳しく述べたように、日本漢字の大半は訓読みに支えられて、我々の頭の中にしっかりとした根を張っているのである。もし訓読みを廃止したら、やがては日本語の中の漢字および漢字語の存在それ自体が、崩壊してしまう危険があることを、忘れてはならない。何故ならば日本漢字は、音《オン》だけでは、同音異義のものが多すぎて、形態素としての自己独立性を保持することはほとんど不可能に近くなっているからである。梅棹氏はさきの論文の中でつぎのように言っている。

言語というものは、ひとつのシステムである。文字の問題をかんがえるときには、ひとつひとつの文字についてかんがえるほかに、全体のシステムの構造のことをかんがえなければならない。日本語の表記法についても、漢字、カナモジ、ひらかなのそれぞれの特徴、得失について論ずるほかに、この三つの系列の文字があつまってつくりだしている、全体の表記システムについてかんがえなければいけない。

表記の問題を考えるときには、部分部分をばらばらに見ずに、全体との関連で部分の得失を考える必要があるという、この梅棹氏の意見は正しいと思う。だからこそ私はこの考えをもう一歩進めて、表記のシステムという、言語全体の問題から見れば一部分でしかない問題を、表記以外のさらに大きな、日本語全体のシステムの得失ともあわせて判断すべきだと主張したいのである。

音訓対応という日本語独特の漢字使用法は、たしかに一方では表記の不統一という現象を惹起してはいる。これはそれ自体としてはマイナスと考えられるかもしれない。だがこの音訓対応こそが、さきに指摘した高級語彙と日常語彙の連結という、他の言語には例を見ない利点をも生んでいることをあわせ考えると、一つの欠点を切り捨てることによって、意外な所に大きな損失が生れる危険がある。漢字の訓読みを廃止したら、日本語の表記は今よりはるかにすっきりするという梅棹氏の提案は、角を矯《た》めんとして牛を殺すことになりかねない、言語の一部の効率のみを追求するあまり、言語全体のバランス・シートを見ていないものであると思う。

言語というものは歴史的文化的な産物であって、すべての面ですっきりと効率よく整理できるものではない。日本語が全体としてそれほど効率が悪い言語でないことは、日本という国がともかく**日本語だけ**を使って、近代的な大国に成長できたという、アウト・プットの点から見ても明らかだとすべきであろう。近代的な大国で日本のようにただ一つの言語だけで、一切がまかなえるという国が、世界広しといえども他にないことも、言語の効率の問題を考えるとき、忘れてはならない大きな問題である。

たとえば英語とフランス語を公用語とせざるを得ないために、すべての公的な言語生活を二言語で行わなければならないカナダ、三つの公用語と四つの国語を認めるスイス、そして一枚の紙幣に十五種の言語で金額を表示しなければならないインドのような国の、国家的規模での言語効率の悪さを考えると、日本だけが正書法の面での効率の悪さのために世界で遅れをとるというような思い込みは、あまり生産的であるとは言えない。

世界のほとんどの国が、多言語使用の問題でいかに苦しんでいるか、それに比べて小学校から大学まで日本語一つですむ日本が、いかに例外的に恵まれた国であるかを、次章以下で改めて考えてみることにしたのも、日本人が世界の言語事情に意外にうといため、欧米の限られた国々の言語のあり方を唯一無二の理想と考え、言語全体から見れば瑣末的なことに完璧を求めすぎる傾向があることを痛感するからである。

7　外来語と漢字語との構造的な相違について

日本語には、ヨーロッパ系統の言語から数えきれないほどの言葉が、外来語として取入れられている。原則として片仮名書きにされるこれらの単語の多くは、しばしば本当は必要もないのに外国的なものを無性に有難がる日本人の気質に迎合して、無反省に使用されている。とりわけデパートの婦人用品売場や、新製品のコマーシャルに、片仮名が氾濫していることは、しばしば心ある人の批判の対象にもなっている。

私がここで西欧語からの借用語の問題を取上げる目的は、片仮名言葉の日本語としての安定度を、これも一応借入語と考えた漢字や漢字語のそれと比較してみることである。日本の言語学者の中には、片仮名語も長い年月がたてば、日本語の中にすっかり溶け込んで、漢字と同じように造語力も持つようになり安定したものとなると考えている人がいる。たしかにそのような傾向になるものもあるだろう。しかし私の考えでは、漢字漢字語に見られるような訓読みができないという理由で、大部分の片仮名語は外国語の素養の深くない一般の人にとっては、いつまでも孤立した外来要素であるか、あるいは不安定な語彙として絶えず変化にさらされる運命にあると思うので、二、三の問題点を取上げてみることにした。

片仮名語の不思議――「ドライバー」は三種類

片仮名外来語の第一の問題は、もとの言語ではまったく同じ言葉が日本語に入ると、相互の同一性が見失われることである。

英語からドライバーという言葉が入っている。自動車を運転する人という意味で、日曜ドライバーとかオーナー・ドライバーといった具合に定着していると思う。ところがもう一つねじ廻しのこともドライバーと言う。これも現在は普通に使われている。さらにゴルフのクラブの一種にドライバーというのもある。この三つのドライバーは、よほど英語に詳しい人以外には、同音同形の別々の言葉として受止められていると思う。相互に意味の上で明瞭な関連が認められないからである。

だが元の英語では、これらはまったく同一の言葉なのである。そもそもドライブとはdriveであり、これは「何かに力を加えて、ある方向に無理に押しやる」という意味を持った動詞である。そこで家畜の群を追い立てること、さらには馬に鞭を加えて馬車を引かせることがドライブであり、従って御者はドライブする者、つまりドライバー（driver）だった。乗物が馬車から自動車に変るにつれて、運転者がドライバーとなったのである。他方ねじ廻しは、力を加えてねじを何かにはめ込むものであるから、これもドライバーであり、ゴルフの球を勢よく打つ道具も同様にドライバーである。

だから英語を母国語とする人が、この三つのドライバーに共通性を認めることには問題がないのに、日本人にとっては、運転者とねじ廻しとゴルフのクラブでは、これらを共通の視点から眺める言語習慣がないため、この三者は偶然同じ形をした別々の言葉と受けとられるのである。ドライバーという言葉の内部構造に立入って考えることが普通の日本人にはできないのは当然である。

もう一つの例はローラー・スケートとローラー・カナリアである。ローラー・スケートとはローラーのついた靴で滑るものであるから、少し英語の勘のある人ならば、テニス・コートを平らにするローラーや、ペンキを塗るローラーなどと関連させることはできるかもしれない。

だがその人も、美しく囀るカナリアの一種ローラーと、スケートのローラーが関係があるなどとは思わないだろう。しかしローラーとは roller であり、ロール roll とは「ころがす」という意味の動詞なのだ。ローラー・カナリアはコロコロと玉を転がすような声で長く鳴き続けるため、「ころがし屋」の意味でローラーなのであり、スケートのローラーとまったく同一の言葉である。

パイプもよい例である。タバコを吸うパイプと、水道やガスのパイプは、もともと中空の丸い断面を持つ長いものを指す pipe という一語から出ている。笛もそうだ。しかし日本語に入ると、タバコのパイプと、ガスのパイプはまったく縁が切れてしまう。若しパイプのことを、綴り（表記）も英語そのまま日本語に入れて pipe と書き、しかもこれをくだ（管）とも読む一種の訓読みの習慣があれば、タバコのパイプとガスパイプは別々の言葉に分化しないですんだと思う。漢字に対して日本語はまさにこれをやっているのである。もし漢字表記を止めるか（ということは仮名か、ローマ字書きにするか）、あるいは漢字の訓読みを廃止したら、現在の音読みの漢字あるいは漢字語は相互の関連を失って、たちまち多くの同形異義語に分裂することは明らかである。

しかもそのようにしてできた言葉の一つ一つは、内部的な意味付けを失って、ただあるものの名、ある動作の名として、それ自身意味のないレッテルになってしまうのである。たとえばセキタンは現在石炭と書かれているため「いしのようなすみ」という語源解釈がたやすくできる。石と炭という漢字の訓読みがこれを可能にするのだ。漢字の訓読みを廃止し、さらに漢字そのものも廃止すれば、セキタンは、その言葉全体で、あるスミに似た物質の名として覚えなければならなくなる。そして「セキ」という要素を含む他の言葉、たとえばセキブツ（石仏）との言葉の上の関連は多くの人にとって不明となるのである。

日本以外のどこの国の言葉でも、外国の言葉が外来語として取入れられる場合は、ドライバーやローラーの例のように、もとの言語におけるその言葉の持つ組立てのしくみや、意味の内部構造が不明となり、セキタンのような形で一つの言葉全体が、ある特定の対象に引き当てられるのである。そこで借用語は教育のない人にとっては、機械的な記憶の負担を増す重荷となることが多い。日本語にカタカナ外来語が増えることは、要するに一般の人にとってはよく分らない言葉が増えることになるのだ（注、新しい例で言えば、プライオリティ〈優先順位〉、コンプライアンス〈法令遵守〉、ガバナンス〈統治〉などが典型であろう）。

カタカナ語の第二の問題は、元の外国語では違った音で区別され、表記も異なっていた二つ以上の語が、日本語に入ると、そこには対応する音の区別がないために、表記と発音がどちらも同形になり混同されたり混乱するような場合である。

たとえばボーリング（スポーツ）とボーリング（地面に穴を掘ること）、ボール（球）とボール（半球形の容器）は英語では表記も発音も違う別の言葉であるが、日本語では同じ発音で意味も似ているから区別しにくい。食品のフードと、外套のフード、テニスのコートと衣服のコート、住宅ローンとローン・テニスのローンにも同じ性質の問題がある。ゴルフのリンクスとスケートのリンクは、語頭のリが英語ではlとrで別であるのに、日本語では区別がなくなる上、どちらも広い場所を指すことからしばしば混同される。語尾のスがとれたゴルフ・リンクがあるかと思えば、スケート・リンクスがあったりする。バルブ（valve）とバルブ（bulb）などにも、同じような混同が見られる。

第三にはまったく同じ語が、異なった時代に二度取入れられたり、用いる場面が違うため、日本語では別の発音の言葉となり、従って形も意味も違う二語と受止められるようになっている例である。ストライキとストライク、ガラスとグラス、パーツ（部品）とパート（タイム）、トラックとトロッコなどがよい例であろう。

このように仮名書きの外来語は、ただ単に漢字や漢語に比べて日本語に入ってからの時間が短いために定着性が弱いだけではなく、その言葉を、漢字のように訓読みにすることにより本来の日本語との対応をつねに強化し、元の表記を残すことで、同音化からくる混同を回避するという手段を持たないため、外来語としての本質的な不安定性をいつまでも内在させているのである。

更に近代ヨーロッパ語からの借用語が漢語と異なる点に、語形がいつの間にか省略を受けて極端に短かくなることがあげられる。ストライキがストになり、レコーディングがレコ（オフ・レコ）となるたぐいである。そこで原語では一部しか等しくなかった、いくつかの語が日本語では同一の形態になってしまうことがある。プログラム、プロフェッショナル、プロダクション、プロレタリアート、プロパガンダ、プロッェント（ドイツ語のパーセント）などが、すべてただのプロになってしまっている。

従って仮名書き借用語を思う存分に、そして正しく使えるのは外国語に造詣の深い一部のインテリ階級に限られることになる。この点、英語やフランス語の中で、ギリシャ語、ラテン語に由来する外来語が、教育のない一般大衆にとって使いにくいのと非常に似ている。もし漢字や漢語を音読みに限ったら、多くの高級語彙が一般の日本人にとって言語的に不安定なものになってしまうという私の説は、この仮名書き外来語の考察からも正しいものと言えよう。

第二章　章末注

五六頁　ここで大勢順応主義とか便宜主義的言語観と書きましたが、のちに『日本人はなぜ日本を愛せないのか』のなかで私は、日本人のこうした特徴を「部品交換型文明」との関連で説明しています。これは、「強力な外国文明と出会ったときに、相手の持つ良いと思うものは拒まずに何でも進んで学び、ためらわず旧来の劣ったものと取り替えるという自己改革を徹底して行う」という、世界でも例外的な日本文明の特徴なのです。

六九頁　毛沢東は百年後には漢字はなくなると言ったが、現代中国はローマ字ではなく簡体字の社会になっています。

九〇頁　この点は私の『日本語と外国語』岩波新書（一九九〇）の「第四章　漢字の知られざる働き」において、更に詳しく説明しました。

一〇一頁　かつて漢字の機械処理が未発達の時は、運転免許証の姓名は、このように漢字ではなくカタカナで表記されていたが、電子化の進むにつれて現在のように漢字で表記されるようになっている。

本章で論じたことは、『日本語教のすすめ』（鈴木孝夫、新潮新書、二〇〇九）の「第一章　日本語は誤解されている」や、『日本の感性が世界を変える　言語生態学的文明論』（鈴木孝夫、新潮選書、二〇一四）の「第七章　日本語は世界で唯一のテレビ型言語だ」などでも、様々な角度から例示し論じています。

第三章　世界の中の日本語の位置

1　日本語は大言語である

もし人跡未踏の熱帯の密林地帯かどこかで、これまで外部の人間集団からまったく孤立して、平和に暮していた小さな民族集団が発見されたとしよう。そこの人々の言語には、その部族の名称が含まれていないはずである。部族や民族の名前は、他の同等の集団と区別される必要がある場合につけられるものであり、従って多くの場合、よそから与えられるものである。そこで他の人間集団から完全に隔離されている人々は、自分たちを他者から区別する機会を持たないが故に、自分たちを表わす名称を持つ必要がないのである。

同様に、このような人々は、自分たちの話す言葉が何語であるかという意識も持っておらず、従って名称もないはずである。自分たちの言語を、ききなれぬ他の言語と区別し対比させる経験を持たないからである。

英国人は自分の言語をイングリッシュと称する。ドイツ人は彼ら自身のしゃべる言葉をドイッチュと言う。どこの民族でも、自国語のことを考えたり、問題にしたりするときには、他の言語から区別されたものとしての自国語を考え、これを固有名で呼ぶのが普通だ。

ところが日本人は自分の国の言葉を、他の国の言葉から区別されたものとしての言語として捉えて日本語と呼ぶよりは、国語として考える場合が多いと思う。日本固有の文学は国文学であり、日本語を研究する人は国語学者と呼ばれ、日本語を考える審議会は、国語審議会であるというように。

イギリスで出版される英語の辞書はEnglish Dictionary あるいは Dictionary of the English Language である。フランスでもドイツでも自分の国の言葉の辞書や文法書は、固有の言語名をつけて呼ぶのが普通であるが、日本で出る日本語の辞書は、まず国語辞典であり、文法は国文法と呼ばれる。アメリカでも、大学で自分の国の言葉を専門的に勉強しているアメリカ人は、I'm studying English. と言うのに、日本の国文科の学生は国語をやっていますであって、日本語を勉強していますではなんだかおかしい。

どうも日本人は、さきほどの想像上の孤立部族ほどではないにしても、自分の国の言葉をまず他の世界の言語と同一の次元に置いて、それらと区別対比することのできる、人類の言語の一種として自分の国の言葉を見るという習慣が少ないと思う。国語以外は外国語なのであって、両者の存在のレベルは違うと受けとめられているようである。

(もちろん日本語とか日本文学という言い方がまったくないというわけではない。日本の国のことばを、はっきりと他の国の言語と対比させる意識のあるときは、「日本語には単数複数の区別がない」、「日本語は世界で一番むずかしい言語だ」のように言うのである。また外国文学と並べて、日本文学全集というようなこともある。しかし国文学史はあっても日本文学史という表現は普通ではないと思う。)

最近「外国語としての日本語」という、初めてきく人には軽いとまどいを与えかねない表現が、専門家の間で定着してきているが、それは私たちの言語つまり日本語を、国語としてでなく、外国人の見地から見た、他の数多くの言語の一つとしての言語、つまり日本語という、比較的新しい捉え方を示す苦肉の表現なのだ。

日本人が自国の言語を国語というとき、それは対象を内側からのみ把握しているのである。**日本語が、よその国の人の目にどううつるか、外国の人は日本語をどう考えるかという、他者の立場を考えに入れない自己完結的な対象把握を示すことばが国語なのである。**そこで外国人が、日本語を勉強していますと言ってもおかしくないが、彼らの口から「国語を習っています」とか、「国文学を研究しています」といった表現がきかれたとすると、おかしいと感じるのである。

このように客観的には同一の対象、同一の言語であるものを、主観的には二つの別のものとして無意識に峻別する態度、これが私の主張する、日本人と日本語の関係は、イギリス人の英語に対する関係や、フランス人とフランス語の関係とは、どこか違っているという点である。それはすぐ後で述べるように、**私たち日本人が、外国の人に自分の国の言語を使ってもらったり、研究してもらったりした経験がきわめてとぼしく、そのくせ太古より異民族の言語を、それもほとんど文献だけを通して学び続けた長い歴史を持つという、国際的な言語的一方交通を行なってきた珍しい民族**だということと関連があるのである。

これは言語の問題に限ったことではない。文化でも外のものは貪欲に吸収するが、自分のものを積極的に拡めようとはしない。他者を理解しようと懸命の努力をするが、自分を理解させる手は打たない。日本にとって外国が理解すべき相手ならば、向うにとっては日本が理解すべき相手なのだという、同一レベルでの相互性の認識がまったく欠如している。

このことは、日本人の意識の中には本当の意味での生きている相手が存在しないということに他ならない。少なくとも、自分が自分を見る目と、他者がこちらを見る目とを、同じ次元で考えていないのだ。

国内的には、他人は自分の相手であるはずだが、次章で述べる日本人の等質性の故に、同国人である他者を、自分と対立し時には理解不可能な存在と見ないで、自己を拡大してその人の気持になったり察したりすることで自分の中に取り込める対象と考えることで関係を持とうとする。このような自他の同一化を前提とする人間関係の把握様式の中には、本当の意味での相手、つまり自己に対立し自分と拮抗する存在としての相手（他者）が入り込めない。

私の考えでは、これからの日本の国際場裡《り》における一番の問題は、日本人が自分たち自身を見る目、つまり自己評価と、外国の人々の日本評価とがしばしば食い違い、すれ違うということである。自己を国際的な場面において客観視する経験と能力の欠如、これこそ今後の日本の解決しなければならない、最大の問題なのである。

日本語は世界六位の大言語

国語と日本語の微妙な意味の違いから、大分理屈っぽい話になってしまったが、私がここで言いたいことは、日本人ははたしてどの程度まで、自分の国の言葉である日本語を、客観的に評価しているかということである。

そこでこの角度から、改めて日本語という私たちの国語でもある言語が、世界の中でどのような位置を占めているか、そしてその特殊性は一体どこにあるのかを検討してみたい。日本語は良い言語か悪い言語かとか、完全か不完全かといった判決を下す前に、できるだけ虚心坦懐に事実に即して、日本語の現在ある姿を眺めてみようというのだ。

このような、いわば日本語の現象学的な認識をふまえた上で、それでも日本語は嫌いだ駄目だと言う人が出ても、私はいっこうに驚かない。人の好みの問題は、議論の対象にはならないからである。しかし、不完全な知識や誤れる先入主に基づく判断に対しては、私はひとまず事実に立ちかえってみることを要求したいのである。

これから述べることを注意して読んでいただけるならば、自分は日本語についてかなり詳しく知っていると思っていた人でも、日本語に対するいくつかの新知識を得られるだろうと私は確信している。私の見るところでは、それほどに世界の言語の一つとしての日本語についての、これまでの日本人の知識は偏頗《へんぱ》なものである。

まず日本語は使用者数の点から見て世界の数ある言語の中で、何番目の言語かということを考えてみることにしよう。

現在のところ世界には、およそ三千から三千五百種の異なった言語が用いられているといわれる（注、この数は第二次世界大戦後になって世界の言語の調査が進むにつれてどんどんと増え、今現在では六千種前後とされるようになっている)。何故このような曖昧な表現をするのかと言えば、二つの言語を比べてそれが同じか違うかを決めることが、実は思ったより簡単なことではないからにほかならない。

比較する言語が日本語と英語のように、すべての点ではっきりと違っている場合は、それらが二つの異なった言語だということは誰の目にも明らかである。ところが系統が近く、地理的にも近接した言語の場合に、どこがどれだけ違えば別の言語になるのかという基準を立てることは非常に難かしい。

実際のところ別々の言語であると見なされ、従って異なった名称で呼ばれている二つの言語の間の差異が、ある一つの大きな言語に含まれる二つの方言の違いより本当は小さいことさえある。現実の問題としてある言語を、他から独立した一個の存在とみなす根拠には、純粋に言語学的な事由の他に、国家、民族、宗教、そして使用される文字の違いといった、言語を使用する人間集団の側の理由がしばしば介入してきている。

こんなわけで、世界にはいくつ言語があるのかという一見簡単な問に対して、ある学者は三千と言うが、いや三千五百を越すと主張する人も出てくるといったことになるのである。

さて私たちの日本語は約一億一千万の使用者を持っているが、この日本語が使用者の数の点で世界三千余種の言語のうち、何番目を占めるものであろうか。私は試みに何人かの人々にこの質問を向けてみたことがある。十五番目くらいという人もあり、三十番目くらいだろうという人もいたが、そんなことは考えてもみたことがないと答えた人が実は大部分であった。

言語の使用者とは、時にはその言語を母国語として使用する人のことを言い、時には、第二言語または外国語としてそれをある程度使用することができる人もあわせて意味し得る。しかし後者の意味での特定の言語の使用者数というものは、当然のことながら捉えることが不可能に近いので、ここでは使用者ということを、ひとまずある言語を母国語（注、現在では母国語ではなく、母語と言う方が普通である）として使用する人の意味にとることにする。この見地から世界の言語の番付を考えてみようというのである。

現在のところ、世界の諸言語の中で最大の使用者人口を持つものは中国語であろう。もっとも一口に中国語と言っても決して均一な言語ではなく、その方言と称せられるものの中には、相互に通じないほどの相違が見られるものもある。だが最大の方言集団である北方方言だけとってみても、まだ五億近い使用者を数えるのだから、中国語は世界最大の言語と一応考えてよいだろう（注、ここでの人口数は執筆当時のものである）。

つぎに来るものは英語である。大ブリテン島と北アイルランド、アメリカ、カナダ、そしてオーストラリア、ニュージーランド、南アフリカ、その他で三億余とされている。第三番目のグループはスペイン語とロシア語である。最新の統計がないので正確なことは分らないが、スペイン語の方が少し多くて二億弱、ロシア語は、ウクライナ、白ロシア語を含めても一億六、七千万程度ではないかと考えられる。スペイン語使用者の大部分は中南米諸国にいる。

そのつぎがインドの公用語の一つであるヒンディ語で約一億四千万、そして一億一千万強の日本語はほぼ同数の使用者を持つインドネシア語（マライ語も含めて）と共にこれにつづくのである。そのほか一億を越す使用者がいると思われるものに、ポルトガル語、ベンガル語がある。

多くの日本人にとって、日本語が使用者数の点で世界三千五百種の言語の内、第六番目の言語だとは容易に信じられないのではないだろうか。私自身もまさかという気持でいろいろと調べてみたが、どうも事実のようである。

世界には今のところ億の位を越す使用者を持った大言語は意外に少ないのであって、私たちになじみの深いドイツ語ですら約九千五百万程度なのである。これは東西両ドイツとオーストリアのほか、ポーランド内にもかなりのドイツ語人口があり、スイスにも三百五十万人ほどいる。またアメリカ大陸ことに南米にも相当数の使用者が見出される。フランス語はカナダ、ベルギー、スイスそれに海外領土を入れても六千万程度で、イタリア語とほぼ同数である。最近国連の公用語に加えられたアラビア語は、広大な地域の多数の国において用いられているにもかかわらず、使用者は約八千万を数えるにすぎない。

要するに世界の約三千五百の言語の中で、母国語使用者の数が一億を越える言語は十指に満たない少数で、日本語はその一つなのである。この事実をはっきりと知っている日本人が現在はたして何人いるだろうか。日本語は多くの日本人が、なんとなく感じているような、取るに足らぬ小さな言語どころか、少なくとも使用者数の点では、立派な大言語の一つなのである。

しかしいかに多くの人に用いられている言語であっても、その言葉を使う人々の経済的影響力や文化的重要性が、同時に大きくなければ、言語としての重要性はそれほどではなくなってしまう。この点で日本語はどうであろうか。日本という国の持つ経済力や文化の高さは、いろいろと問題があるにせよかなりなものであることは間違いのないところであろう。

このように、私たちが自分たちの言語を国語としていわば内側からのみ見ることを止め、外側の立場つまり世界の諸言語の一つとしての日本語という観点から眺め直してみることで、はじめて正常な比例感覚を持ち得るのだ。ところが日本語の大言語性には、いろいろと問題があるのである。

2 単一言語国家と多言語国家

私がこれから述べようとする事実の内蔵する意外性と重大性を、まず直感的に大摑みに理解してもらうためにつぎのようなことを思い浮べて欲しい。

私たちが日本国内をあちこちと旅行して廻っているとき、誰かに道を尋ねたいと思った場合に、向うから来る人がはたして日本語を話すかどうかと考えてみることがあるだろうか。近くの店に入って買物をするときに、店員が日本語を知っているかしらと心配したことがあるだろうか。おそらくこのようなことを考えた日本人は一人もいないだろう。日本語は日本国中どこでも通用するし、日本人なら誰でも日本語を話すということは、自明の理であって、問題にする必要がないのである。

ところが、このように、自分の国の中ならば、出会う同国人は必ず自分と同じ言語を話すということが、疑うべくもない前提として通用する大国は、世界広しといえども日本くらいのものなのである（注、日本国内にも日本語以外の言語が存在するという意味では、アイヌ語を挙げることができるが、アイヌ語の社会的通用性はもはや全くなくなっている）。日本はこのようにおそろしく純度の高い単一言語国家であり、しかもその言語が世界の大言語の上位に位置するという事実が、私たち日本人にとっても、また他の国の人々にとっても、今後いろいろな問題を生むことになるのである。

日本語と日本人の特異な結びつきを示すために、もう一つの事実をあげてみよう。私たち日本人が国外を旅行しているとき、もしどこからか流暢な日本語が聞えてきたら、そこには本物の日本人がいると思ってまず間違いないということである。

なにをくだらないと思う人があるかもしれないが、この事実ほど日本人と日本語の固い結びつきを具体的に示すものはないのである。日本語の代りに、同じことを英語なりフランス語なりの例で考えてみると、私が何を言いたいかがよく分ってもらえると思う。

フランス人が国際線の飛行機に乗って旅行しているときに、美しいフランス語を耳にしたとしても、そこにフランス人がいることは必ずしも期待できないのだ。フランス以外のヨーロッパ諸国にはフランス語を自由に話せる沢山の人々がいる。それどころか、話し手は真黒い顔をしたアフリカの金持、黒髪のベトナム紳士であるかもしれない。

これが世界のありとあらゆる国の人によって用いられている英語ともなれば、ある人が英語を上手に話すという事実だけからは、その人の国籍、人種、宗教などについての情報を得ることは不可能に近い。日本人であることと、日本語を話すということがほとんど同義語であり得るような状況は例外なのである。
そこで問題を、今度はある国民と特定の言語との結びつきという見地から、一つの国の中で使用される言語が一つか複数か、つまり単一言語か複数言語かという観点だけに絞って、日本以外の国々の言語の実態を概観してみよう。

複数の公用語を使う国々

世界には、国語ないし公用語として複数の言語が用いられている国があると言うとき、多くの人が第一に思いうかべるのはスイスであろう。五百万ばかりの人口の約七四パーセントがドイツ語を話し、ついでフランス語、イタリア語、そしてごく少数のロマンシュ語が使われている。ロマンシュ語を話す人の数はわずか四万人程度であるのに、これまで国語の一つとして認められている。

アメリカ大陸ではカナダが、英語とフランス語の二言語を公用語としているので有名だ。ことにカナダ第一の都会モントリオールのあるケベック州では、行きずりの旅行者にもそれと分るほどの徹底した二重言語生活が行われている（カナダではエスキモー語や各種のアメリカ・インディアン語も使用されていることを忘れてはならない）。

世界一広大な領土を持つソビエト連邦が多言語国家であることは、むしろ当然のこととして理解されよう。ここでは二億三千万の人々が、なんと百三十にものぼる異った言語を使っていて、公用語の数も多い。もちろん連邦内の異民族、異言語使用者の間の共通語としてのロシア語の地位はゆるぎないものである。

南アジアではインドが、あまりにも複雑な言語事情の故に、旧宗主国である英国が押しつけた英語を、独立国民としての根強い感情的反撥にもかかわらず、十五種もの公用語の一つとして認めざるを得ないのが現状である。ヒンディ語は公用語として勢力を拡大してはいるが、ドラヴィダ系言語の使用者をはじめとする、これに反撥するヒンディ語系以外の国民の力は、政治的不安を作り出すほど強いものがある。

さて普通に多言語国家と称せられるものは、以上のように、一つの国の中で二つ以上の言語が公用語、あるいは国語としての地位を与えられている場合をさすことが多い。

しかしその公用語あるいは国語は一つであっても、国民のある部分が、主として私的な生活の場面では、公式の国語以外の言語を使用しているという、実質的な多言語性を持つ国ということになると、日本の知識人が事情を良く知っていると思っているイギリス本国やフランスでさえ、実は立派な多言語国家なのである。いやそれどころか、ある程度以上の大きさを持った世界の国々は、おどろくなかれ、ほとんどこの範疇に入ってしまうことになる。

まず手はじめに、イギリスのことを考えてみよう。ここでは大ブリテン島の西部ウェールズ地方においてケルト系のウェールズ語が約六十五万の住民によって広く使用されている。北部にはゲール語を用いる少数の人々が居り、また英本国の一部をなす北アイルランドでは、アイルランド語が話されている。これらは、いずれもゲルマン系のアングロ・サクソン民族が大陸から侵入してくるまでは、大ブリテン島の先住民の言語だった。したがってケルト系言語は被征服民族の言語として長い間、日の目を見なかったのであるが、最近の世界的な少数民族集団の自立意識の高揚と、民族語の再興の気運に乗って、今やとみに勢力を盛り返している。要するにイギリスは英語だけの国ではないのである。

フランス本国もフランス語だけではない。西北部のブルターニュ地方ではケルト系のブルトン語、西部のピレネー山地にはバスク語、西南部スペイン国境地方にはカタロニア語、さらに南部地中海ぞいではイタリア語を使用する人さえいる。またドイツと長い間帰属を争ったアルザス地方はドイツ語地帯でもある。フランス国内にドイツ語の一種を話すフランス国民がいるなどという事実は、私たちの持つフランスのイメージにはそぐわないものではないだろうか。

アメリカも「多言語」の国

一般の日本人に想像もつかないような複雑な状態になっているのが、アメリカ合衆国の言語であろう。アメリカではどこでも英語が通用し、英語だけが話されていると思っている日本人が多いが、肝心のアメリカ人ですら、つい最近までそう信じていたのだから無理もないことである。アメリカにつぎつぎと渡って来る移民たちは、二世三世と世代が進むにつれて、かつての祖国からの言語や文化の影響が薄れ、人々はアメリカ英語アメリカ文化という共通のルツボの中に溶け合って行く。これが従来のアメリカ合衆国の言語、文化の姿に対する一般の見方だった。

ところが一九六六年に著名な社会言語学者であるJ・A・フィッシュマンが長年にわたる調査を集約して『アメリカ合衆国における言語的忠誠度』という大著を著わし、それまで当のアメリカ人が気付かなかった、いや気付きたくなかった言語的多様性をあばき出したのである。

この本では、英語以外の言語で出される新聞、外国語による国内放送、教会や学校で用いられる外国語など十数の項目にわたって、いかに根強く、いかに広汎に英語以外の多彩な言語が、日常生活に用いられているかが示されている。

その中の一つにAmerican Council for Nationalities Servicesが行なった外国語によるラジオ放送の調査が出ている。これによると、大陸部アメリカ合衆国（つまりハワイなどを含まない）では、一九六五年には、驚くなかれ一千五局の外国語放送局があり、全体で一週間あたり平均五千時間の放送を行なっていた。これが四年後には一千三百局、六千二百時間強と増大する傾向にあるという。外国語の種類別では、スペイン語、イタリア語、ポーランド語、ドイツ語、フランス語の順で上位五番が占められているが、全部で約四十種の異った言語による放送があるという。

私も一九七二年にロサンゼルスを訪れた際、市営のバスに乗ったところ、車内の出入口を示す標示や注意事項が、英語とスペイン語で書いてあるのを見て、いまさらのように合衆国西南部が、元来はスペイン語地域だったことを感じたものである。

前述のフィッシュマンの調査には、北アメリカ土着の、多種多様のインディアン諸語は含められていないが、多言語性という見地からこれをも含めて、改めてアメリカ合衆国の言語事情を見直してみると、様式こそちがえ、アメリカはソビエト連邦につぐ多言語国家だったのだという認識を新たにするのである。

このような主要世界各国の言語事情を念頭に置きながら、我国の現状を見直すとき、そこに見られるあまりの均一性、徹底した等質性はまさに驚異に価する。国内のいかなる辺鄙な山村に行っても、方言の差こそあれ、日本語が通用し、また日本語しか通用しないのである。駅や道路標識などにおいて、外人観光客へのサービスとしての英語標示がわずかに見られる以外、紙幣も、切手も、公式文書も、教育も、一切が日本語という一言語だけでことのたりる日本は、国家全体の言語効率という見地からは世界最高である。日本は言語（そして人種および宗教）の問題が国論を二分するような政治の争点になり得ない数少ない近代国家の一つなのである。

しかしすべてのことには良い面と悪い面がある。国内のこの異常なまでの言語等質性に加えて、近隣諸国とは海によって完全に切り離され、実生活の面での外国語との接触がきわめて少ないことが、日本人の外国語というものに対する一種独特の態度を育て、さらには人間と言語の基本的な関係に対しても、他国では見られぬ不思議な感覚を生むに至っている。この点については次章で詳しく述べることになろう。

以上は、政治的単位としての一国家の中で、日本のように、実際問題としてただ一つの言語のみが使用されることが、むしろ例外に属するという観点から、日本語の特殊性を見たわけであるが、しかしこのことを逆に考えて、特定の言語が用いられる国家の数、民族の種類に焦点をあててみると、ここでも再び日本語の特殊性が、はっきりと浮び上ってくるのである。

日本語は孤立した大言語

日本語は世界の言語の中で、らくらく十位以内に入る大言語だと述べた際にも多少ふれたが、英語を国語ないしは公用語とする国は、主なものだけでもイギリス、アメリカ、オーストラリア、ニュージーランド、カナダ、南アフリカ共和国、インドといった具合であり、フランス語はすぐ思いつくものだけでもフランス、カナダ、ベルギー、スイスの国語である。ドイツ語にしても、スペイン語にしても、ドイツ、スペインの一国語に止まらない。また異った人種、民族によって用いられているということになれば、ロシア語、中国語、アラビア語、ヒンディ語のような大言語はすべてそうである。

さらにまた国語や公用語としてではないが、一応理解され通用するという規準、つまり言語使用者の立場から言えば第二言語、あるいは理解可能な外国語としての言語を考えた場合には、前述の諸言語の広がりは、どれも完全に人種・民族・国家・宗教の枠を越えている。

ところが日本語を国語とし公用語とする国家は世界中で日本だけである。また日本語を使用する民族集団も日本民族しかない。

現在ブラジルとハワイ、それに北米各地に合計約百二十万の日系人が住んでおり、そのまた半数が一応日本語を話すと言われているが、この人たちは国籍はともかく、人種的には日本民族であるのだから例外とはならない。北海道のアイヌ系日本人が、強いて言えば唯一例外を構成すると考えられるが、これはあまりにも少数であるため言語意識上の問題、つまり、一般の日本人が日本語は異民族によっても使用されているという明瞭な自覚を持つことの助けにはならないと言ってよい。

むしろ日本の旧植民地であった、朝鮮、台湾の人々がいまだにかなりの程度まで日本語を理解できることの方が、日本語の日本民族による独占形態を破る例外的な事実であろう。

日本語の言語としての閉鎖性をさらに強めるものとして、諸外国の教育学問の場における日本語の問題がある。すでに事実上の国際語となった英語がいわゆる共産圏ですら主要な外国語として学習され、文献も利用されていることは周知の事実であるが、フランス語、ドイツ語、ロシア語、スペイン語なども、その国際的重要性の消長があるにせよ一応世界的な規模での外国語教育の対象となっている。中国語やアラビア語でさえも国連の公式言語となるまえから、当事国以外の多くの国々で、長い深い研究の歴史がある。

ところが曲りなりにも経済大国の地位を確保し、武力を捨て国連中心の平和外交を基本路線とすると称する我国の言語、日本語を、本格的に研究し重要な外国語として教育の対象としている国は皆無と言ってよい。少なくとも日本の、国家としての世界における重要性に見合うだけの規模の日本語教育は、どこにも見られないと言えるだろう。しかるに日本においては、明治以来国をあげて英独仏を中心とする外国語の学習に、高等教育の相当な部分をさき、現在もこの情況は変っていない。この点でも完全な一方通行的な言語交流である。

またユネスコ世界出版物統計において、一、二位はつねにロシア語と英語の出版物で占められている。そして第三位は日本なのだ（執筆時）。しかし、私の見るところでは、英露の一、二位と日本の三位とでは質的内容がまったく違うのである。英語の出版物は、英語を母国語とする人々にのみ向けられているのではなく、大量に海外に輸出され貿易商品として大きな地位をしめている。ロシア語の文献も、英語ほどではないにせよ、ソ連邦内の各共和国はもちろん、東欧諸国その他に利用者が多い。台湾では積極的に日本語を排除する動きは今でも見られないが、少くとも公的な場面で日本語が使われることはないようである（章末注）。

ところが日本語の出版物は、ほとんどが日本国内消費向けなのである。そして日本は大量の外国語文献を年々輸入している。出版物の交流に関しても、日本語と外国語の関係は完全に片貿易である。

私がいま述べたような日本の言語的孤立状態を具体的に示した記事が一九七〇年十二月二十三日の朝日新聞に掲載されているので一部を紹介しよう。ライシャワー、ジョン・ホール、ソロモン・レビーンといった著名な日本学者を含む全米四百数十人の日本研究者が協力して二年がかりで作成した「米国における日本研究の実情」の要点をニューヨークの村上特派員が送ってきた。この報告の内容を一口で言えば、米国では意外なほど日本文化、日本語の研究教育が進められておらず、今後の日米関係に禍根を残すおそれさえあるというのだ。

米国にとって、日米関係は他のいかなる国との関係にも劣らぬ重要性を持つと報告書はいう。特にこの二十年間の日本の急激な国力の成長と、それに伴う国際的影響力の増大で、これまで以上に日本研究を充実させる必要があると強調し、実際、経済的分野では日本はすでに英、仏、独のいずれよりも、米国にとっては重要であるだけでなく、政治、科学、文化の面でも最も重要な国となることが予想されるという。

にもかかわらず、日本が年間約二千種類の英文文献を日本語に翻訳しているのに対し、英語に翻訳される日本文献は年間わずか二十五点程度にすぎない。六八年現在、日本語を学んでいる学生は全米で計四千三百二十四人にすぎず、これはロシア語を学ぶ学生の十分の一、フランス語を学ぶ学生の百分の一だという。

しかも、日本語専攻学生のうち全体の六〇パーセントはハワイ、カリフォルニア両州に集中し、これは日系の二世、三世が両親や祖父母の母国語として習っているのが大部分だと分析。米南部、中西部の二十三州では、なんと日本語専攻の学生は「一人もいない」と報告している。

（中略）

北海道から沖縄まで中学生のときから英語を学び始める日本と比べれば、米国の日本語熱はいかにも低いといってよかろう。

ことばだけではない。全米で千五百の大学のうち日本学者のいる大学はたったの百三十校。しかも「日本研究」の組織的な学科を持つ大学となると六十一校に減り、大学院レベルの研究ということになれば、わずか十一校にすぎないという。この結果、日本について少しでも学ぶ大学生は全米で一パーセントに満たない現状といわれる（注、この点に関する新しい調査が、寺澤行忠『アメリカに渡った日本文化』淡交社、二〇一三にある）。

日本語の特異性とは、言語それ自体に求められるものではなく、むしろ日本人と日本語の独占的閉鎖的な結びつき方、そして諸外国との言語交流の恐るべき片貿易性において理解されるべきだと私が主張するのは、以上の事実に基づいているのである。言語から言えば日本はまだ鎖国の状態にある。

国際的交流とは、相手から何かを貰うと同時に与えることであり、相手を理解する努力をすると同時に、相手に自分を分らせるよう努力をすることでもある。日本人は遣隋使、遣唐使の昔からその歴史を通して、国家的規模において異文化を摂取してきたが、自分を外国に理解させようとする努力は徹底して怠ってきた珍しい国なのである。

イギリスは英国文化振興会（ブリティッシュ・カウンシル）、フランスはアリアンス・フランセーズ、ドイツはゲーテ協会などが自国の文化や言語の海外普及に膨大な資金を投入して力を入れている。

日本では本格的、継続的な日本文化および日本語の海外紹介を行う目的で、最近やっと国際交流基金が創設されたばかりである。今年になって国立国語研究所に、外国人に対する日本語教育を専門に扱う部門が加えられたのは、遅ればせながら歓迎すべきことである（章末注）。だがなによりも必要なことは、一般の日本人自身が日本語の国際場裡における重要性に目覚め、日本語に対する誇りを持ち、日本語をかけがえのない大切なものと自覚することである。これなくしては外国人に日本語を習わせ、使わせることなどできるわけがないのである。

*言語問題をめぐる民族の対立抗争について

宗教が異なるという理由で、ある民族が迫害を受けたり、国家が分裂したりする例は世界の歴史の中で枚挙にいとまがない。近い例ではインドとパキスタンの分離独立があったし、現在英国の屋台骨をゆさぶっている北アイルランド問題も、カトリックとプロテスタントの対立である。しかし言語も宗教と同じく、しばしば民族の抗争、対立の原因となっていることについて私たち日本人はほとんど知らないようである。そこで参考のために、この一、二年の間に新聞紙上で取上げられた、言語問題に基づく少数民族の悩み、社会不安、暴動関係の記事で、私の目にふれた限りのものをつぎにあげてみよう。このような記事は、タイトルを見れば内容が大体つかめるため、一覧するだけで複数の言語を持つ国々がいかに言語問題で悩んでいるかが分っていただけると思う。

◉「**カラチで再び言語暴動**」（「朝日」一九七二年七月二十六日朝刊）

◉「**言語対立**――与党も割れ収拾不能・エイスケンス内閣の辞表受理、ベルギー政治的空白長引く?・」（「毎日」一九七二年十一月二十五日朝刊）

◉「**二か国語で教育**――アメリカで少数民族問題解決への試み」（「読売」一九七三年三月三十一日朝刊）

◉「**フィリピン〈国語文学〉芽ばえ**――外国支配の影響除く努力」（「朝日」一九七三年四月六日

朝刊）

◉「共有の文化がほしい——複数民族国家シンガポールの悩み——三つの言語・宗教が壁」（「読売」一九七三年四月二十一日朝刊）

◉「国語——多数派の中国系と争いの絶えぬ言語」（シンガポールから）（「朝日」一九七三年五月一日朝刊）

◉「言語教育で対立——複数の顔をもつマレーシア、進まぬ中国系人の〝マレー化〟」（「毎日」一九七三年七月十一日朝刊）

◉「敵の言語で屈辱、苦悩語る——重み増す第三世界の文学、北アフリカ派の場合」島田尚一（「朝日」一九七三年七月十一日夕刊）

◉「言語圏の厚い壁——スイス・ジュラの州独立」（「朝日」一九七三年八月二十九日朝刊）

◉「南インド・言葉の違う別な国——反北部の独立文化・ドラビダ語系を守り抜く四州」（「朝日」一九七三年十一月二十日朝刊）

◉「英語からピリピノへ——フィリピン社会の微妙な変化」池端雪浦（「東京」一九七四年三月三十日夕刊）

◉「カナダで言語紛争が再燃——ケベック州、仏語の公用語強行」（「毎日」一九七四年八月八日朝刊）

第三章　章末注

この章で私が主張していることはその後様々な本でも扱いましたが、たとえば新潮新書の『日本語教のすすめ』の第五章「日本語に対する考えを改めよう」や『新・武器としてのことば―日本の「言語戦略」を考える』（鈴木孝夫、アートデイズ、二〇〇八）でも詳述しています。本書執筆当時は、外国人が日本語を習うとどのような成果が得られるのかについて考察を深めるに至りませんでしたが、二〇一四年に刊行した『日本の感性が世界を変える』第二章「日本の感性が世界を変える――日本語のタタミゼ効果を知っていますか」では、日本語を修得した外国人が、当人にも意外なほどに「日本化」し、融和的な感性を身につけてしまう「タタミゼ」効果を取り上げ考察しています。日本語がまだ鎖国状態にあるという私の認識はいまも変わりませんが、世界情勢の緊迫した危機的状況を考えるとき、日本語の国際化はさらに重要度を増していると思えてなりません。

一三〇頁　この本の旧版が出版された、今から四十年前とは違い、現在では日本人観光客向けのホテル、空港、そして土産店や食堂など以外の韓国の一般社会では、政治的な理由もあって日本語は殆ど使われていない。

一三二頁　これは二〇〇九年に様々な国立研究所が整理統合された際に、教育は研究所には不向きの部門だという理由で廃止されている。

第四章　日本文化と日本人の言語観

1　異民族、異文化との特殊な接触形態

日本はアジア大陸の東端に位置する島国である。イギリスはヨーロッパ大陸の西北に位置する島国である。両者はこの地理的な類似のゆえに、日本ではこれまでたびたび比較されてきた。

たしかに国土の周りを海で囲まれ、外国と国境を接することがないという点では、日本とイギリス本土は一見したところ、非常に類似している。しかも明治以来の近代日本はなにかと英国に学び英国を模範としてきたため、日本が地理的環境の点でイギリスに似ていると考えることは、なにか日本人の心を明るくし、希望を持たせるものであったのかもしれない。

しかしこの類似は、両国に固有の文化がどのように形成されたか、そしてその質はという見地から改めて見直してみると、意外にそれ以上先に進むことのできない皮相なものであることが分る。それは日本とイギリスを取巻く海の性質がまったく違うからである。

イギリスはたしかに島国であるが、ブリテン島を囲む海は、大陸からこの島への外敵の侵入、異民族の移住を妨げる障碍とはなり得ない程度のものであった。ドーヴァー海峡は天気の良い日ならば泳いで渡れる距離でしかない。

紀元前五五年に、シーザーのローマ軍はこの海峡を渡ってブリテン島に上陸し先住民族のケル

ト系住民を征服した。今なお各地に残るチェスター、セスター、カスターといった語尾を持つ地名が、ローマ駐屯軍の要砦を意味するラテン語に由来することはよく知られている。現在の英国人の祖先も、五世紀頃のゲルマン民族の移動期に、対岸のユトランド半島あたりから海を渡って、この島に侵入して来たゲルマンの諸部族であったのだし、イギリス建国後もスカンジナヴィア半島からの、デーン人の相次ぐ侵冦は、イギリスにとって絶えざる悩みであった。

ブリテンの島に対する最後にして最大の異民族侵入は、十一世紀中葉のノルマン人による征服であった。ノルマン人は元来はゲルマンの一部族であったのだが、いち早く北フランスのノルマンディー地方に住みつき、イギリスを侵冦したときにはすでに完全にフランス化していた。この征服のおかげで、それまでドイツ語に酷似していた英語の語彙の大半がフランス語系のものに入れ替ったのである。

このように歴史時代だけを考えてみても、イギリスの島はつぎからつぎへと大陸からの異民族の侵略による影響を蒙《こうむ》り通しである。イギリスは島国であるようで、実は文化的には大陸の一部と考えることができる。

日本の島国性は、この点まったく別の様相を呈している。考古学的な有史前のことは別として、建国以来日本の主要部分は現在に至るまで、異民族の直接侵略を受けたことがない。日本列島と大陸を隔てる日本海と玄海灘の荒海は、長い間外敵の侵冦、異民族の侵入を防ぐ防壁の役目を果してきた。しかも外来文化受容の観点から見逃せないことは、日本を大陸から隔離する海が、外来文化の浸透をまったく許さないほどには荒くも、遠くもなかったという点である。

日本がもしハワイ諸島のように、大洋の孤島であったならば、久しく外敵に襲われることもなかった代りに、大陸の大文明の恩恵にも浴することがなかったと考えられる。また日本列島と大陸との絶対的距離が今まで通りであったにしても、もし日本の外側、つまり太平洋の近い所に、非常に魅力のある、大きく豊かな別の島国が存在していたならば、そこへ到達したいという大陸民族の強い願望が、日本を通過基地として見捨てておかなかったかもしれない。

日本はこれより東には大海原しかないという行き止り的条件と、大陸との距離がつかず離れず的な都合の良いものであったこと、および日本列島が、一応自給自足のできる閉鎖社会を成立させ得るだけの大きさと、南北に延びる豊かな風土を持っていたという、この三つの条件の偶然による組合せが、世界の文明史上、稀に見る特異な性格を持った文化を発展させる要因となっているのだ。

直接、間接の文化接触

イギリスのように外敵の侵入、異民族の大量移住という形で外来文化を受容した場合には、そこでの文化接触は当然のことながら外来者と先住者の間で、じかに日常生活のレベルで行われることになる。これに比べると、日本の場合には増田義郎氏が『純粋文化の条件』(講談社現代新書)の中で豊富な実例と明快な論理で示したように、異文化との接触が主として、書かれた文献とでき上った製品の輸入という、人間を切り離した形で間接に行われたために、世界の外来文化受容の在り方としては例外的なものになっているのである。もちろん我国においても、特殊技術

（たとえば織りもの、金属加工など）を持った異民族集団の小規模な招致は稀でなかったようだが、これはあくまで呼び寄せであって、向うから勝手に乗込んで来たわけでなく、やがては周囲に吸収されてしまうものであった。

私は増田義郎氏の日本文化成立に対する見解と、日本文化は雑種性ではなく純血性を本質とするという指摘が、日本人の独特な言語観をもうまく説明できるものとして高く評価している。そこで戦争や強制によらない文化受容というものが、いかに気楽なものであるかについての氏の文章をつぎに引用してみたい。

日本は呑気な国である。このことは、有史以来の日本の外国文化受容の全状況について言えると思う。大体外国文化の受容とか摂取という表現自体が日本的なので、たいへん余裕があったのである。ルーマニアでも台湾でもどこでも、外国文化を受容するとか摂取するとかすましこんでいることなどとうてい不可能だったろう。侵略者や支配者が泥靴でどんどん踏みこんでくる。無理な命令をする、税金を課する、人間を徴発する、女に手をつける、という惨澹たるありさまで、そうしたひどい目に会いながら、必要上止むなく外来者のことばを覚え、おこぼれの品物をちょうだいし、相手からこっそり文化をかすめ取る、というのが常態ではなかったのだろうか。それに反して、われわれの国日本は、外国から支配されず、また外国人の乱入もうけず、しかも文化だけはふんだんに中国やヨーロッパから取り入れることが出来たのである。（増田義郎「しゃべる必要・不必要〈スペイン語・英語〉」永井道雄・梅棹忠夫編『私の外国

語』一八五—一八六ページ、中公新書、一九七〇）

たしかに外国人と日常生活の中で、直接交りながら異文化に接触して行く仕方と、書物を読み技術や製品を受入れることで、外国文化を間接に吸収することとの間には、同じ文化受容といっても比較にならないほどの相違がある。

前者の場合には、増田氏も指摘するように、外来文化とはまさに強制であり押しつけであるが故に、受入れる側の希望や都合はまったく無視される。たとえ優れたものをもらうことになるにしても、支払う代償も当然大きいはずである。そこで外来文化とは重くるしい、なにか忌わしいものという気分がつきまとう。また生きた人間を介する文化の授受には、血の混交が伴うのが常である。イギリスの場合でも南米の場合でも、外来文化の洗礼を受けた後では、人間そのものが以前のままでは在り得なかった。

ところが日本の場合はどうであろうか。隋唐からの文化輸入時代は言うまでもなく、中世のキリシタン文化摂取の場合も、幕末明治期の泰西文化受容の際にも、外来文化の運び手は限られた数の僧侶、学者、技術者そして商人なのであって、兵隊や一般人が大挙して押し寄せて来るようなことは一度もなかったのである。

またこちらから仕入れに出向いて行った人間の数も高が知れている。この人々は日本にない秀れたものを買い集め、進んだ技術を身につけ、高邁な学問思想を学んで戻って来る。つねに日本人の立場で、日本に役に立つもの、持って帰れば価値が出るものだけを選んでくるのだから、日本人が目をつけて輸入したものは、あちらでも超一流のものであることが多い。高文明の、それも上澄みだけを掠めとる仕方で異文化を取入れたのである（章末注）。

生々しい異文化接触のなかった国

このように限られた形でのみ諸外国と接することが許された日本人の心に、外国の文化は素晴らしいという無条件の崇拝の念が生じたのも当然であろう。他方外国においてどんなに価値があるものでも、またそこでは必然的なものでも、日本人が受入れにくい、日本人の体質や好みに合わないと思われたものは見向きもされない。よし間違って取入れても、いつの間にかこっそりと捨てるか、変質させてしまう。たとえば古代中国の文明をあれほど徹底的に摂取したように見えながら、文化人類学者の石田英一郎が指摘したように、家畜の扱いになれた遊牧民文化ならではの宦官の制度や宮刑の罰など（注、どちらも生殖器の切除などの去勢に関係がある）は、遂に日本には入らなかったのである。

要するに日本が伝統的に行なってきた外来文化の受容は、一貫して受入れる側の、日本人の自主選択性でつらぬかれていることが重要な特徴であり、そのため外国の思想や文化は日本人に都合のよい抽象化や理想化をほどこされることにもなった。これは「ものと文献」という、文化を作った人間を切り捨てることのできた間接受容にして、初めて可能なことなのである（章末注）。

大東亜（太平洋）戦争に続く米国による占領は、いま述べた日本の外来文化受容のパタンを大幅に変化させる最初の歴史的大事件であると思われた。たしかに街にはアメリカ兵が溢れ、いたる所に基地が乱立し、生活も急速にアメリカ化されて行った。しかし、今ふり返ってみるとアメリカ人と、切実な体験としての直接交渉を持った人がどれだけいたのだろうか。もちろん日本語を使うことも禁止されなかったし、通貨も左側通行も沖縄を除いてはそのまま残った。

天皇制に手をつけぬことに象徴される巧みな間接統治によって、アメリカの日本占領は、それまでの外国軍による敗戦国占領形態の最も成功したものの一つだと称されることがあるが、このことは占領自体が日本人の外国人体験を少しも豊富にしなかったということでもある。占領軍と日本人との間に摩擦が少なかったということは、裏を返せば本当の直接交渉がなかったことになるからだ。

もちろん唯一の悲惨な例外として地上戦を経験し、四半世紀に及ぶ占領の続いた沖縄を忘れることはできないが、日本全体としては占領そのものが、日本人の心理の深層に在る外国観を変えるには、あまりにも間接的でしかも短期間（正味七年）であったと言える。大多数の日本人は、アメリカ占領軍をまるで動物園で、見慣れぬ動物を見るような気持の、好奇と畏怖の半ばした目付で見ているうちに、いつの間にかいなくなってしまったというのが本当のところではないだろうか。

後に残ったものは、アメリカ化した生活のスタイルと氾濫するアメリカ製品だけであって、日本人の血も外国人観も旧態依然として殆ど不変であるように思われる。

また一九五〇年代後半になって、世界の主要先進諸国を訪れた飛躍的な工業化は、国民所得の増加の副産物として、いたる所で低賃金の外国人労働者の大量流入という現象を惹起した。イギリス、フランス、スイスのいずれでも、いわゆる南の国々からの労働人口の移入は深刻な社会問題となり政治的な危機さえ起しかねない。現在西ドイツにはトルコ人労働者が家族を含めて約百万人も滞在している。この人々のために、ラジオはトルコ語の放送までしているのである。アメリカですら例外ではない。メキシコ人、プエルトリコ人の労働者の問題は、言語、風俗習慣の違いから、しばしば騒動の原因となっている。ところが再びこの点でも日本は例外である。日本の社会は高度成長をとげながら異民族の季節労務者、低賃金労働者を抱え込むという形の異民族接触を経験できないのである。したくともできない諸般の事情があるのだ（章末注）。

このように見てくると私たち日本人は、今もって生きた人間を通しての、本格的な異文化接触による生々しいショックを受けたことがないといっても誇張ではない。日本は今も昔も本当の島国なのである（日本人の旧植民地朝鮮、台湾などにおける異文化経験および多数の日本兵士の中国体験の後始末については、後でふれることになろう）。

2　日本社会の等質性について

日本は島国である。日本は単一民族国家である。このような指摘は、私がいま改めてするまでもなく、日本や日本文化について多少考えたことのある人々にとっては周知の事実であろう。

従って私の本をここまで読み進まれた方は、私が何かもっと変った、意外なことでも言うのかと思っていたが、結論は言い古されたものばかりではないかと、やや期待はずれの感を持たれたかもしれない。だが日本の歴史についてよほど新しい発見でもされない限り、また日本人について、ひどい誤解に基づく偏った一面的なことでも言わない限り、今さら人の耳を驚かすような珍奇なことが言えるはずがないのも道理であろう。

大切なことは、ある結論をどれだけ切実なものとして受けとめることができるか、そして自分の思考や行動の中に、その結論から導き出される具体的な実践原理を、どれだけ組込むことができるかなのである。あることについて、そんなことはもう聞いた、とっくに知っていると言えることも重要である。それは知らないより数等よいに決っている。だが同時に、本当に大切なこと重要なことを、簡単に結論だけ手軽に知ってしまうと、その意味を深く考え、自分の血とし肉とする余裕を持てず、すぐ他の目新しい知識や結論を追い求めるという、危険な態度が身につく虞《おそ》れがないでもない。

あることを知る、あることが分るということには、実は無限の段階があり、絶えず既知のこと、自明と思われることに立ちかえってさらに深い意味を新しい材料で考え直すことが、意外に忘れられているように私には思える。

一番重要なことは、自分で分っているつもりでも、必要な場合に行動にそれが出せなければ、相手の立場、客観的な見地からは分っていないのと同じだという認識である。

このような意味で私は以下においても、結論としては陳腐に響くような幾多の事実を、私を含めた日本人一般が、本当には良く分っていないのではないかという反省をこめて、具体的な実例に基づきながら考えて行くことにしたい。

日本人は皆同じに見える

テレビでアメリカ製の犯罪映画などを見ていると、しばしば面白いことに出会う。たとえば殺人現場に到着したパトカーから警官が出て来て、すかさず被害者の人相特徴などを本部に無線で連絡する。このようなとき、警官はまず被害者が白人か黒人か、髪は黒かブロンドかブルネットか、眼の色は、身長は、体重はというようなことを報告している。そう言えば兇悪犯人の手配書がバスのターミナルや郵便局に貼り出してあるのを、アメリカでよく見かけたものだが、それにも同じようなことが書いてあったことを想い出す。

他人を描写する際に設定する視点は文化が異なれば違ったものになるのは当然であろう。日本では人をちょっと見ただけで体重がどのくらいかを考える習慣がない。肥っているか痩せているかそれとも中肉中背かといった程度だが、アメリカではすぐ何ポンドと言う。

そこで日本だったら同じような情況で、警官はどんなことを言うだろうかと考えてみると、意外なことに気がつく。まず人種の区別は言う必要がない。髪や眼の色にも注意しないだろう。指輪をはめる習慣も日本では確立していないから、既婚未婚も言わないと思う。その代り一見何々風といった被害者の職業を推定するようなことを言う。そのつぎに目立つ身体的特徴、衣服の種類だろうが、体重は何キロとは言わない。

私が被害者の身元確認の手順として、警官がどのような外見的特徴を手がかりにするものかを、アメリカと日本の対比において取上げたのは、日本の社会、そして日本人がいかに等質かという一つの例をまず示したかったからである。

私たちは、人にはそれぞれ個性があり、人の顔も百人百様だと思っている。確かにそれに違いないのだけれども、人種のルツボであるアメリカのニューヨークやトルコのイスタンブールなどに住む人々に見られる個人差と、日本人が持つ外見的特徴や肉体的な個人差を比べると、日本人はお互いにあまりにも類似しているのである。

日本に来たばかりのアメリカ人が、日本人は誰も彼も同じに見えて困ると言うのも、考えてみれば髪はすべて黒だし、眼の色にも変化がなく、顔のつくりも皆似ているのだから無理もない。洋服の色や行動様式でさえも、個人差よりは、全体を支配する一種の等質性の方が目につくらしい。ある外人教師が中学校の教室に入ってあたりを見廻したら、生徒全員が真黒で異様な感じがしたという感想を私にもらしたが、洋服まで黒の制服だったから、その印象はいっそう強いものだったろう。

その上、第三章で見たように日本では、すべての人が日本語を、そして日本語だけを話しているのだ。

人づきあいのなかで宗教が話題にならない

身体的特徴が均一的であるとか、話す言語が一種しかないといった、主として外面に表われる等質性は、行きずりの人にでも目にとまるものだが、もっと内面的なもの、たとえば考え方や宗教的価値観といった問題になると、そのつもりで特定の視点を設定しないと鮮かな対比は出てこない。

日本人の宗教的な等質性について私がよく引合いに出す例の一つにつぎのようなものがある。結婚適齢期の子女を持った平均的な日本人に、お子さんの結婚相手はどのような人が好ましいとお思いですかと尋ねてみたとしよう。まず学歴、健康、性格などについての希望が多いのではないか。金持の息子や娘である方がいいと思っていても、建前としては、お金よりも本人次第ですというようなことを言う人が多いと思う。だが相手の宗教のことを気にし、注文をつける人がいるだろうか。都会のインテリ層などでは、自分の息子たちが外国人と結婚してもかまわないと開けたことを言う人さえかなりいる（もっともいざとなると相当なショックを受ける場合が多いようであるが）。だが結婚問題で決して顔を出さないのが、日本では宗教なのである。どこの国の宗教でも世俗化が進み、昔ほどやかましいことは言わなくなっているが、日本ほど徹底して寛大な国は少ないのではないか。

もう一つの例を考えてみよう。友人知人を家に招待しようと夫婦で相談をするとき、あの方の宗教はなんだろうというようなことを考えることがあるだろうか。ところが考えなければ困る国が多いのだ。料理に何を出すかは宗教のことを考えずに決めることができないのである。

このように、私たち日本人が宗教的に等質であるために、当り前として受けとめている事実には、実は他の国、よその文化圏では考えられない奇妙なことが多い。そこで最後に、日本式旅館で出される食事のことを考えてみよう。

ホテル形式でない伝統的な日本の旅館では、宿泊料は朝夕二食が込みになっているのが普通である。

それはいいにしても、泊るお客も、旅館側も、前もって献立を何にするかを問題にしないことが、実は問題なのである。

何を食べるかを客が旅館にまかせられるのは、大多数の日本人にとって食事に関する宗教上のタブーが存在しないからである。このことはさらに、日本社会が宗教的な見地からは単一の価値体系に基づいて動いていることとも関連する。どこの国でも宗教とは、少なくとも一般大衆にとっては、教義や哲学的な問題であるよりは、むしろ日々日常の生活習慣上の細かな制約として、直接認識され理解されるものである。何曜日には何をしてはいけない、神の名をみだりに口にしてはいけない、カナリアや金魚が死んでもお墓など作ってはいけないといった具合に、してはいけないことが日常生活の中で細かに決っているのが普通である。食べて食べられないことはない食物の内で、何と何は絶対食べてはならぬ（ヒンズー教徒の牛、イスラム教徒の豚肉）、ある期間を限って食べてはいけない（キリスト教徒のレント中の肉）、さらにはある期間食事そのものをしてはならぬ（イスラム教のラマダンの断食）といった食事に関する宗教上の掟が、事実上存在しないに等しい国が現代の日本なのだ。

言うまでもなく、多くの日本人の意識の底にある宗教的基盤は神仏混交の思想であろう。仏教や神道そのものに食事上のタブーがないわけではない。だが生活慣習としての戒律は、今日ないに等しい。

しかもすべての人が同じ宗教に属していれば、その宗教のタブーをタブーとして客観的に意識する、対比的な情況が生れないわけである。日本には仏教や神道以外に宗教がないというのではないが、総人口の一パーセント弱のキリスト教徒でも、キリスト教徒なるが故の行動上のタブーを、厳格に守っている人は少ないと思う。

それは日本人の精神構造の深層が多神教的な性格を持っているので、たとえキリスト教徒になっても宗教的な不寛容や、二者択一的な排他性が一般に弱いためと思われる。日本のキリスト教が、「**日本教**のキリスト支部だ」と一部の人が評するのはきわめて妥当な観察だと私は考えている。

さて見たこともないお客の食事を旅館の方で勝手に決めることができるために、もう一つ考慮すべきことがある。それは好き嫌いをどう処理するかの問題である。これは出す料理の種類を多くして、客が自分の食べるものを選択できる幅を与えておけばよい。日本旅館の食事は客がすべてを食べ尽すことが必ずしも期待されていないのだ。またその方が宿屋としては、一品料理を指定されるより得でもある。

かくして日本式の宿屋では客がメニューを見ずに、食事が決められ、客の食欲とは無関係の細々とした皿が沢山出てくるという不思議なことになるのである。

日本人がお互いの共通前提として、あえて意識にのぼせることすらしない、この宗教的単一性は、しばしば私たちが他国の人、他宗教の人に対するときの恐るべき無神経となって現われてくる。

一九七〇年十二月二十四日の朝日新聞の夕刊に、写真入りで「空とぶサンタさん」という記事があった。「クリスマスイブの二十四日、日航のスチュワーデスがサンタクロースのスタイルで、国内線の乗客にはキャンデー、国際線ではアクセサリーをプレゼント、機内食には七面鳥料理も用意され、空とぶサンタさんのサービスに、外人客が『メリークリスマス』と、にっこり」というのである。女のサンタ姿もおかしなものだが、それにもまして、国際線の客はすべてがクリスマスを祝うときめてかかる感覚は、全世界に路線を拡げ、ゆたかな国際経験の持主の多いはずの日航にしては理解できない。

このような他国人の宗教に対する私たちの鈍感さは、ほとんど救い難いものがある。一九七二年の秋に日本ペンクラブの主催で日本文化研究会議が東京と京都で開かれたが、京都での二日目の昼食は一人前千円也で、すべての人に同じセット・メニューであった。ところが驚いたことに料理はポーク・ソテーなのである。集まった外国人学者の中には、インドからの菜食主義者もいたかもしれない。パキスタンを始めとするイスラム教国の人々には豚肉は不浄の肉で絶対食べられない。ユダヤ人も戒律にきびしく従う人はこれを食べないのである。

国際的な規模での文化交流、相互理解の目的で、それも主催者側には各国の文化、宗教に関しての専門家がいるはずの日本文化研究会議においてもこの調子である。しかも場所は国際会議を専業とする国立の京都国際会館なのである。私は早速知人を通して責任者にこのことを話してもらった。つぎの日からは幕内弁当が出てきたのでほっとしたものである。

異民族異文化の存在を前提とするアメリカの大学では、大勢が集団行動をする場合、必ず食事上のタブー、制限を調べる習慣が確立している。食物の選択を、つねに個人の好き嫌いの問題としてしか考えられない私たちは、この点でも世界で例外的な民族と言えよう。

3　間接的な文化受容の功罪

我国は外国文化と間接にしか接触したことがないという観点に立つと、実にいろいろな日本人特有の思考様式や行動の原理を、それもあまり無理なく説明することができる。

外国文化の創造者そして担い手としての外国人との直接交渉をできるだけ切り捨てながら、高文化を移入する最も有効な手段は前にも述べたが文献つまり書物に依存することである。またでき上ったもの、つまり優れた道具や機械、美術工芸品を輸入することでも目的は達せられる。

この両者に共通する問題は、受容した個々の知識なり具体的な製品が、本来海の向うの国や社会で持っていた全体との関連や価値づけから解放されて、独立した一つ一つのアイテムつまり、ばらばらの断片となり、日本人の手で新たに、思いもよらぬ勝手な位置づけや価値を付与されることが多いということである。

非常に印象の深い具体例を一つあげよう。一九七二年の夏、私を含む数名の日本の学者と、アメリカのこれも少数の学者が東京で集まり、日米社会言語学会議という、言語と社会の関連の研究を主題とした国際会議を開いた。その席上でアメリカの日本語学者E・ジョーデン女史が異文化の理解の難かしさ、悪意のない誤解に基づく相互の意志疏通の断絶などのテーマに関連して、来日の際にされたつぎのような生々しい体験を披露したのである。

日航機が東京上空に近づき着陸準備に入ると安全ベルト着用、禁煙のサインが出た。そして機内に乗客の気持を鎮めるためか、静かな音楽が流れ出したが、その瞬間アメリカ人乗客たちは思わず顔を見合せ、なんとも言えぬ嫌な気持になったというのである。その音楽は、死者を埋葬するときに用いられるタップス（taps）だったのだ。なんともタイミングが悪かった。飛行機が今にも落ちるような気持でしたよと女史は、外人らしい大袈裟な表情で、いかにも驚いたという顔をして見せた。

私があとで色々と調べて分ったのだが、この曲は当時「夜空のトランペット」という題でニニ・ロッソというトランペット吹きのレコードが日本で人気を博していたものだった。私も何度か耳にしており、静かな哀愁を含んだメロディで、人の心を打つような響の音楽なのである。ところがアメリカ人には、この曲が軍隊の消燈ラッパの旋律を基として作曲されたもので、それがしかも葬式のときにも使われるということが常識なのに、日本人はこれを単なる静かな情緒をたたえたムード音楽として受けとり、その上、「夜空のトランペット」という題名が、およそ死者埋葬の連想があるなどということを思わせなかったものらしい。つまりアメリカの文化のコンテクストで持っていた意味づけは、この曲が日本に入った際に失われ、美しい抒情的な曲という、日本人好みの価値づけに新たに組込まれてしまったのである。

私はすぐ日航の知人に電話して調査してもらったところ、すでにアメリカ人から苦情が出て引込めましたということであった。

アメリカの各地に出張所を持ち、多数の社員が常駐している日航にして、この種のミスを防ぎきれないのである。昔の日本人が外国の書物に書いてあることを見当違いに受けとったとしても当然であろう。

外国文化を摂取する場合に、その文化の担い手である外国人たちが、征服にせよ移住にせよ大挙して日本にやって来た結果であるならば、異文化の個々のアイテムが、生活の中でどのような意味を持ち、他の要素とどのような関連を持っているものかは、いやでも見えてくる。つまり文化の受容が体系的全体的になるのである。従って、これはもらうが、これはいらないというような自由はきかない。

その代り、外国文化が極端に美化されたり、理想化されたりする危険も少なくなる。美しいもの、優れたものは、必ず醜悪なもの、劣等なものと抱き合せになっているものだということが体験的に理解されるからだ。

ところが日本が一貫して行なってきたような高文化の間接受容の場合、何をとるかはまったくこちらの自主選択にまかされており、当然良いものだけを取入れたわけであるから、外国に対して醜悪さ劣等さを感じる余地がなかったわけである。その上、取込んだ知識なり製品なりを、勝手に日本社会の前提、日本文化の価値体系の中に位置づけることができたのだから、奇妙なことが起きない方が不思議というものである。

大分前のことになるが、欧米で青少年の情緒不安定の原因の一つとして、幼児期に母親が子供の自立を早めようと、あまりにつき放した客観的な取扱いをすることが問題となった。たしかイギリスの学者が言い出したのだと思うが、子供をもっと抱いたり、あやしたりすべきだというのである。そこでスキンシップ（skinship）なる新語まで造られた（注、今ではこの用語は日本人が作ったと言われている）。文字通り訳せば「肌のふれ合い」であろう。するとたちまち日本の学者の中に、スキンシップの必要を説く者が現われ、以後スキンシップは日本語としてもよく使われるほどになった。だがこれほど馬鹿げた、外国学問の直輸入の見本はないと言ってよい。

日本の子供に必要なのは、もっと冷くつき放すことである。スキンシップの不足どころか、子供に母親が添い寝をし、父親が子供と一緒に風呂に入るなど、文字通り肌のふれ合いで溢れているのである。私は中学生の男の子と母親が一緒に入浴するケースさえ知っている。欧米では風呂の構造、バスルームに対する考え方の違いもあって、母親が中学生の男の子の背中を風呂で洗うなどということは考えられない。ぞっとすることなのである。受験勉強中の息子、娘には家事も手伝わせない、用事も言いつけない、母親はハラハラウロウロして、おやつを作り御機嫌をとる。大学の試験はもちろん、入社試験にまで親が心配そうに付いて来る。

スキンシップどころか、乳離《ちばな》れを必要とするのが日本の親子関係であるのに、言うに事欠いてもっとスキンシップとは呆れる他はない。欧米ではこうだ、あちらではこうだの発想は、外国の文化項目を、それを生んだ社会全体の体系から切り離して、ただひたすらに優れたもの、見習うべきものとして考えるという、およそ文化というものの本質を見ない思考形態なのである。

大国としての日本

このようなことが、外国の社会の事情をよく知らない素人の発言なら笑ってすませることもできる。だが日本の学者の中に、まさにこのような思考や発想が根強く見られるのは困ったことである。これも文献によってのみ学問をし、学問とは生《なま》の事象の観察ではなく、外国の学者が書いた原書原典を読むことから始まるという、次章で述べるような日本の学問、ことに人文社会系の学問の長い歴史のせいなのである。訓詁註釈の伝統は当分なくなりそうにもない。

日本の人文社会系の学問が欧米の学問の翻訳的現状を脱する唯一の道は、価値の相対性と、人類社会の多様性、多元性に人の目を開いてくれる文化（社会）人類学的な発想を基盤に据えることであろう。ダーウィン主義的に、あるいはマルクス主義的に人類社会を一すじの歴史的発展と考え、頂点をどこの国に置くか、どの社会体制を到着点と考えるかで議論が白熱するような態度は、論より証拠で何も生み出していないのである。

日本の学問は千年以上も中国の古典を糧として成長し、明治以後の百年は西欧の学術書を必死になって消化吸収することに努めてきた。その結果、押しも押されもせぬ世界の大国としての現在の日本ができ上ったわけであるから、文献による異文化摂取方式は、それなりに充分役をはたしてきたと考えるべきであろう。そしてたとえどんなに奇想天外な曲解がそこにあったにせよ、また身勝手な牽強付会が見られたにせよ、日本の学問が日本の国の中だけで完結している限り、そのこと自体は大した問題にはならない。また日本人が西欧の文化に対して、どんな幻想を抱こうと、またいかに理想化しようと、それは国内の停滞を防ぎ、あくなき奮起を促す力となりこそすれ、重大な国際的影響を生むことはなかったのである。

つまり日本が外国から文明を、文化を一方的にもらっている限り、それをどう料理しようと問題は起らないのである。ところが近代日本の成長と共に、日本の存在が国際的な場面で意味を持ち始めると、日本人自身がそれを意識するか否かとは無関係に日本人が外国文化を、そして外国人をどのようなものと考えているかが、日本の進む道だけでなく、他の国の運命にも無視できない影響を与えるようになってきた。

このことは特に第二次世界大戦の痛手から日本が立上った一九五〇年代の後半、つまりウォルト・ロストウ流に言えば日本経済が離陸に成功してからというもの由々しい問題となったのである。日本が西欧先進諸国をどのような性格を持ったものと考えるか、そしてアジア、アフリカ諸国のようないわゆる開発途上国をどのようなものとして捉えるかは、結局は日本人がこれらの国と日本の関係をどう捉えるかの問題、つまり日本人の相対的自己評価に直ちに結びつくからである。

世界経済に対する影響力から見れば、日本は大国になってしまった。しかし経済以外の日本の力は必ずしも大国並みとは言えない。今の日本は非常に不均衡なプロポーションを持った巨大なびっこの象のようなものである。どのように動いても、あたりの環境は大きな影響を受ける。そして歩き方、行動様式がアンバランスであるため、他の動物の予測の範囲を越え、期待はずれの動き方をする。しかもこの巨大な象は口がきけないのである。前章で詳しく論じたように日本語で、我々は自分の意思を国際的に伝えることができない。そうかといって次章で述べるように、外国語、とりわけ国際的通用性を持つ英語で充分に自己を表現することもできない。

私たち日本人は、このような日本のいびつな姿をまだ本当に理解していないように思われる。

やたらと威張るかと思えば、極端な自己卑下におちいるかのどちらかである。そのため日本と諸外国の間の相互理解は深まるどころか、ますます混乱する。二十一世紀は日本のものだと景気のよい話が出たかと思うと、石油ショックで傍目《はため》にも気の毒なほどの絶望感が国中にみなぎるといったのは、その一例にすぎない。

日本は素晴らしい国なのか、それとも本当は駄目なのかといった、二者択一的な自己評価の癖から脱出して、日本の持つ様々なアンバランス、自己の姿のゆがみを正しく認識することが何よりも必要である。日本は大きいのか小さいのかではなくて、大きくもあり小さくもあるという、国際的に正当な比例感覚と、価値評価規準の多元化の獲得、一口に言ってしまえばこれだけのことであるが、これが実は世界にたぐい稀な均一社会である日本にとって一番難かしいことなのだ。

異民族とどうつきあうか

人間は自分より下のもの、自分より価値的に劣る相手からはあまり学ばないものである。世界における文化の接触の歴史を見ても、事実高い方から低い方には文化は流れるが、その逆はほとんど見られない。ただ日本と外国の近代における接触の場合に、考えなければならないことは、相手が絶対的に劣等であり低次の文化しか持たないのではなく、日本人の見方の中に、きわめて非現実的な、いや幻想的とも言うべき価値の単純化された序列ができ上っていて、その観点から上と思うものだけから学ぼうと努力し、下であると考えるものに対しては、およそ学ぶべきものがあるとさえ考えない態度をとり続けた点である。

言うまでもなく近代の日本人が上と考えたものは西欧先進国であり、下と看做した国々は、中国をはじめとするアジアの近隣諸国である。わが国は明治以後の中国とかなり深い付合いがあり、日中戦争中は、数十万の将兵、そして多数の民間人が中国各地に何年も滞在していたのである。さらにまた朝鮮と台湾は植民地として数十年にわたってこれを領有し、土地の人々と日本人との深い長い接触があったはずである。

このようなことを考えると、日本人は異民族文化と直接的な接触をかつて持ったことがないという私の見方は、どこかおかしいことになる。それにもかかわらず私が敢てこのようなことを先に述べたのは、長い日本の歴史において、私たち日本人は自己の文化より高等な異文化の存在は認め、学ぶべきを学んだのに、間接受容の故に異民族が存在するという、異質の相手の存在と、それに対処する仕方、経験は学ばなかったと考えられる。そこで中国、朝鮮、台湾に対しては、一貫して日本に同化させる態度を取り続け、ひたすらこちらの自己を拡大延長し、相手を自分と等質なものと擬制的に看做してそれと自己同化を計ろうと試みた。自分とはまったく異なる原理で動いている異質の相手を、どう制禦するかではなく、相手を順化させ日本化（皇化）することで、等質なものとして吸収しようとしたのだから、形の上では立派な異文化接触でありながら、心的構造から見ると単なる自己拡大を幻想に基づいてはかったにすぎないのだ。

このことは今次の大戦まで日本に関してほとんど無智であったアメリカが、大量の占領軍を日本に駐屯させたため、在日軍人の中から、相当の数の日本研究者が育ち、現在アメリカにおける日本研究の主導的位置にある学者の大半が、これらの人々によって占められているのに、支那事変以来の日本軍将兵の中から、中国にたまたま滞在したことが契機となって中国文化に深いショックを受け、近代中国を専門とする学者、中国の理解者が育った例が少ないように思われることを比べ合せて見ても分ると思う。

近代化の遅れた国からは学ぶものはないと考える思考形態と、たとえ物質的、工業的な停滞があるにせよ、異質の対象を異質なるが故に相手として興味を持ち、それと取組むという姿勢の違いがそこに見られるのである。

つぎに日本人が外国に出掛けることで、異文化に接触し、外国人と直接交わる体験をする問題を考えてみよう。

第二次大戦前の日本の民間人の海外旅行者は年間一万名を越えたことがなかった由である。大学の教授ですら一生に一度、海外留学のチャンスにめぐまれれば良い方だった。洋行帰りの人は、ただそれだけで羨望の目差しで見られたものである。だが最近は少し事情が違ってきた。この数年の間に、海外旅行者の数は急激に増え、パスポートの発給数を見ても一九七二年が百八十万、一九七三年が二百三十万、そして一九七四年は三百万を越したと言われる盛況である（注、二〇一五年は千六百万人を超えている）。

このように大勢の人が外国旅行に出かけ、海外留学の機会も大幅にふえたことは、書物一辺倒であった私たち日本人の異なった文化、外国の風俗に対する認識を徐々にではあっても、正しいものへと導いて行くことに役立つに違いない。

しかし楽観を許さない面もあることを見逃してはならない。確かに〈百聞は一見に如かず〉であり、〈聞くのと見るのとでは大違い〉のこともある。しかし人間の事実認識とは、そこにものがあれば必ずそれが目に入り、相違があればそれにすぐ気がつくというような単純な機械的原理で動いてはいないからである。

日本的に慣らされた目

私たちは生れ落ちてから、母国語で考え、母国語で範疇化され切り取られた世界を見ることにならされている。

何を見るか、何を聞くかがすでに半ば固定化していると言ってもよい。外国に行く人が増えても、見聞したものを位置づける価値の座標が、依然として日本的なものである限り、ただ珍しいで終ってしまうか、見当違いの解釈をしてしまうかのどちらかになりかねない。これでは前に述べた外国語の書物を読んで、日本的に修整して受け取ってしまうことと変らないことになる。一つ実例をあげよう。

新聞に出ていたことだが、イギリスの工場を見学したある日本人の経営者が、英国労働省が「体をよく洗って清潔にしよう」という標語の下に、裸の労働者がシャワーをあびているポスターを作って、各工場に貼らせてあるのを見て、衛生管理がさすがに行きとどいていると感心したという記事があった。

これこそ私の言う日本人が自分の持つ前提で、目の前の現象を誤解した好例である。

イギリスの労働者は日本人ほど入浴をしないので皮膚病にかかる者が多く、前から問題になっているのである。労働力低下を防ぐため、政府が入浴を奨めなければならないほど、体を洗わないのだ。日本の労働者が、毎日風呂に入れと言われなければ、自分からは入らないなどということが考えられるだろうか。習慣の違いなのである。このようなことを知らなければ、医者の所に足の傷を診てもらいに来たフランスの労働者が、医者に別の足も見せろと言われて、もじもじしている。医者がどうしたのかと聞くと、実はこっちは生れてから洗ってないんですと答える漫画の面白さなど分らない。誇張かもしれないが、ヨーロッパの労働者は結婚式と死ぬときにしか、体を洗わないというジョークがあるくらいだ（この点アメリカはまったく違う）。

私が海外に出掛ける人の数が増えたということが必ずしも日本人の異文化体験にプラスとなるとは限らないと言う理由は、このように日本を出る前から、外国ごとにヨーロッパは素晴らしいという先入主が私たちの精神の中に、しっかりした根を張っているからなのだ。同じ旅行でも有名観光地や名所旧跡、博物館など一切省いて、いかにヨーロッパが汚いか、ある意味で遅れているか、解決しきれない問題を抱えてどんなに苦しんでいるかを示すような場所と対象だけを選んで旅行団を組織したら面白いと思う。本多勝一氏が『アメリカ合州国』（朝日新聞社）で示したアメリカの意外な一面が、私たちのアメリカ理解をいかに深く堅実なものにしたかを考えてみると、このような企画ははかりしれぬ意味があると思う。もっともどれだけ人が集まるかが問題であるが。

もう数年前のことになるが、朝日新聞が、日本における歩行者の交通事故激増を喰止めるキャンペーンの一環として、世界主要都市の歩行者事故の実態を、シリーズで連載したことがある。いま手許に資料がないので詳しいことは判らないが、私の印象に強烈に残っているものに担当記者の告白がある。この人は世界各地に取材に出掛ける前は、なんとなく日本の東京が歩行者の自動車による犠牲者が一番多いと思っていたというのだ。ところがいろいろな都市を廻ってみて、驚いたことに世界最悪の都市はモスクワだったのである。道路が広く整備されているのと、泥酔するものが多いというような条件が重なって最高の死亡率を出しているのに驚いたという。基本的人権思想の確立していない、社会道徳の低い、道路条件の劣悪な東京は、さすが世界一の歩行者死亡率を持っているというようなことになるはずだったのだが意外だったといった趣旨と記憶している。

この記者のように、客観的な調査によって自分の先入主を否定できた人は幸福である。多くの日本人は先入主を強化するようなものしか見ないし、また見ようとしないのが問題なのだ。

私は日本的なるものと、外国的なるものを比べて、その優劣を論じ、一喜一憂するような態度は好きでないし、第一意味がないと思う。しかしお国自慢というものが人情でもあるということは認める。だから日本人が国際比較論をやるなら、せめてもう少し公平に、フェアにやってもらいたいと思う。現代日本の欠点を洗い立てると同時に、高度成長をとげた国々の中で、日本だけが例外として兇悪犯罪の発生率が増えるどころか、減少の傾向にあるという不思議な事実、麻薬や飲酒が犯罪や社会悪の中に占める割合が、アメリカやフランスなどに比べてまったく問題にならないほど少ないこと、そして警察官による悪質な犯罪、汚職がアメリカに比べてゼロに等しいことなど大いに自慢してもらいたいものである。

話が少し脱線ぎみになったので、本筋に戻ってここで改めて書物による知識の獲得という、この上もない便利な人間の発明が本質的に内蔵している危険性について考えてみたいと思う。すでに見てきたように、近代の日本の文化、学問が主として外国文献を研究することで形成されてきた以上、このような検討はもっと早くなされるべきだったと私は考えている。そこで書物ことに洋書が危険きわまりない両刃の剣であることを実例をもって示すことにしよう。

4　両刃の剣としての原書

そもそも何かを本の形に書くということは、さまざまな規準に基づく選択の結果である。たとえば誰でも知っていると著者自身が思っていることは、普通わざわざ本には書かないものである。著者が珍しいと感じたこと、必要だと思うことを書くのが通例であろう。それだから書かれてあるものは、その著者が、あたり前と思い、自明の前提としていることと相互補完的な関係にあることを改めて認識する必要がある。

ところが本の著者と読者が同じ言語を使用する同じ国の人であるか、せめて同一の文化・宗教圏に属するような場合には、書物に書いてあることの前提をなす、書かれていない部分は、読む人の前提と合致することが多いから、書かれたものだけを対象として独立的に扱ってもさほど問題は生じない。

大きな意味でグレコ・ローマンの文化伝統の枠内に止まり、起源の共通したインド・ヨーロッパ語のいずれかを用い、ユダヤ・キリスト教的世界観の基盤に立ついわゆる西欧諸国の人々の間における、言語を媒介とする交流は、細かく見ればさまざまな相違があるにせよ、大局的には大同小異、同工異曲の前提の上に成立している。それ故これらの国々における外国語の学習とは、基本的には自国語のある単語を外国語の対応語に置きかえればよいという、明示的顕在的な部分の対比でことがすむ場合が多い。相互の潜在的な知識の下部構造にまで自覚的にふれる必要がないのである。

ところが日本と西洋諸国の間には、このような、相互の認識や意識の大きな等質性を保証する共通の枠組が一般には存在しない。もちろん生物としての人間の段階にまで下れば、西も東もなくなってしまうが、文化のレベルという、人間の無自覚、無意識的な部分にまで、強力な統制力を発揮する人間存在の次元においては、思ってもみないような大前提の喰違いが日本と西欧の間に見られるということは、いくら強調してもしすぎることはないと思う。

日本人はこれまでほとんど文献のみを通して外国文化を摂取し、理解しようと努めてきたために、書いてないことは、自分たちの持つ無意識の日本的前提で補い、書いてあることを、自分達の無自覚的な下部構造の延長線上に置いて解釈するという伝統をいつの間にか身につけてしまった。このことが驚くほど欧米の書物が読まれ、ヨーロッパの文化社会を研究する学徒が溢れているにもかかわらず、その成果に何かいまひとつ欠けている感を拭えない原因だと私は思っている。

犬についての言語社会学

一九七三年六月二十九日発行の『朝日ジャーナル』（第15巻第25号）の「特派員エッセー」の欄に、「うらまどホンコン」の第二回として香肉の話が出た。筆者は前香港特派員の斧泰彦氏である。

ある年の旧正月、中国人の大学教授から夕食に招かれた。イギリス人の外交官の卵やインド人、フランス人などが同席した。トリやブタの揚げもの、フカのヒレのスープなど次から次へと料理が運ばれたが、その中に歯ざわりだけでは何の肉かわからないシチューのようなものがある。結構いける味だ。食べ終えてから主人に尋ねたところ、すまし顔で、

「香肉《ヒョンヨク》です」

むろん〝香港の肉〟ではない。広東人なら寒くなると話題にのせるだけでヨダレを流すといわれる犬の肉。英国領だけに、正式にはご法度。こちらは平気だったが、外交官の卵氏など、あわてて口に手をあてた。

このような書き出しで始まるこのエッセーは、犬に始まって猫はおろか、ヘビ料理からゴキブ

リ料理まで、空飛ぶものでは飛行機、四つ足では机と椅子以外はなんでも食べる広東人の悪食の様子を、面白く語って行くのであるが、私はこの記事を読みながら、ふと犬の肉を食用にする文化圏はどのくらいの拡がりを持っているのかなということを考えてみた。

羊頭狗肉（羊の頭を見せておいて、犬の肉を売る悪徳商法に由来する成句）や狡兎死走狗烹（兎猟が終ると、不用になった猟犬を煮て食べてしまう）などの表現を持つ中国はもちろんのこと、朝鮮半島にも犬の肉を食べる習俗はある。日本でも以前はよく、赤犬の肉はおいしくて体が暖まるというようなことを耳にしたものである。私は東南アジアやミクロネシアなどの南海諸島はどうなっているかを知りたいと思い、手許に適当な本がないまま、なんの気なしにブリタニカに当ってみた。

ブリタニカは元来は英国のものであり、英国は人も知る犬好きの国である。犬の項目は十四版、一九六三年のもので記述が約八ページ半もあり、写真もアート四枚八ページ入っていて詳しい。ところが犬の起源から、種類、用途、病気の治し方など、一口に言えば犬のすべてが書いてあるような体裁をとりながら、驚くなかれ犬を食用にする民族文化については、一言もふれていないのである。

人間がいかに犬の天性のあるものを改良強化し、あるものを矯正弱化して各種各様の目的に向く犬を作り出したかとして、現在犬はつぎの七つに大別される用途に使用されると言う。一、猟犬　二、軍用犬と番犬　三、牧畜犬　四、輓犬　五、友達と愛玩用　六、盲導犬　七、研究テスト用の犬の七種である。だが食用はまったく無視されているのだ。また牧羊犬の一種の長毛のものから、羊のように毛を剪って織物を作る民族も、たしかあるはずだが、これも記述されていない。

これでは、世界中で犬がどのように利用されているかの、**客観的な事実に基づく記述**とは言えないではないか。

私は考えるところがあって、今度は犬の項目以外に、索引を使って一体犬に関するどのような記載があるのかを全部調べてみた。十四版だけでなく、大学の図書館にある一七七一年に出た初版本と同じものの複製を含めて、数種のブリタニカを比較してみた結果、非常に面白いことが分ってきた。

第一にイギリスでかつて非常に人気があり、現在も世界各地でまだ行われている闘犬については、**項目もなければ、言及もない**。それなのに剝製の電気じかけの兎を、競技場で走らせ、これを足の速いグレイハウンドに追わせる競技であるドッグレース（Dog Racing）には、二ページもの説明を行なっている。

前者がないのは、動物を闘わせたり、血を流したりするスポーツは残酷だから、編集方針として無視するというわけかとも思ってみたがどうもそう簡単な理由でもなさそうだ。

スペインを中心とする闘牛に対しては、約一ページ半のスペースを与えているし、にわとりを闘わせる闘鶏についても、独立項目を立てて世界的な分布や競技の方法など、一ページと少しの記述があるからだ。

ブリタニカにおける犬の扱いについて調べて行くうちに、もう一つ書いてないことに気がついた。それはブルドッグの歴史である。ブルドッグは現在ではその愛嬌のある（？）顔付きと、奇妙な体型の故に、また忠実で勇敢に主人を守る性質から、ペットとして多く飼われる種類だ。また一度咬みついたら放さないねばり強い性格を持っているので、ブルドッグとはイギリス人の異名とされてもいる。しかもブルドッグは主としてイギリスで現在の形に作られた、イギリスを代表する犬なのである。

このブルドッグに独立項目がないだけでなく、犬の項目の中の説明にも、どうしてあのような滑稽な形の犬ができたかの記述はまったく含まれていない。実はブルドッグという犬は、十九世紀の始めまでイギリス各地で非常に人気のあった、残酷きわまりないスポーツ（注、このことばの原義は気晴し、遊びといった意味で、日本で言うスポーツより遥かに意味が広い）と深い関係があるのだ。そのスポーツの名は bull-baiting と bear-baiting である。Bait という動詞は動物に犬をけしかけて咬みつかせるという意味である。イギリスでは牡牛や熊を鎖につないで、これに強い犬をけしかけ、咬み殺させて観客が喜ぶというスポーツが、日曜日の娯楽として数百年続いたあげく、一八三五年に法律で禁止されたのである。

ブルドッグはこの bull-baiting 用の犬として、昔のマスチフ犬から改良されたものなのだ。牡牛は身を守るため頭を下げ角で敵を突こうとする。犬はその牡牛の鼻づらに咬みついて、角をよけながら牛を弱らせるよう訓練されたが、普通の犬の鼻は顔の先端についているので、しばらくすると息が苦しくなって牛を放してしまう。そこで咬みつきながら自由に息のできる犬をというので改良を繰返したあげく、大きく後退した鼻孔を持つブルドッグができたのである。ブルドッグはその上、体重が体の前半にくるよう、また前肢が開いて安定をとるようにも工夫されている。この方が動きが敏捷で牛の角に引っかけられにくく、大きく跳躍できるからだ。

このことを知っていた私にとっては、犬の肉を食べる習俗にふれず、闘犬を無視し、ブルドッグの由来を語らないブリタニカの編集方針の背後にある、十八世紀以後徐々に形成されてきたイギリス人の犬に対する特殊な感情、独特な受けとめ方がはっきりと分った気がしたのである（公平のためにつけ加えると、一九二九年のブリタニカはアートのページの犬の写真の所で、ブルドッグについての一般的な説明のあとに、It was originally used for bull-baiting and dog-fighting.と書いてあるが、この説明は後の版ではなくなってしまった）。

このような事実から分ったことは、イギリス人は長い間、各種各様の残酷きわまりない、動物に血を流させるスポーツが好きだったが、徐々に高まってきた動物愛護の機運に押されて、日本の幕末頃までに流血を楽しむスポーツが禁止されて行ったらしいということである。しかもこの際に、特に犬だけを、できるだけ過去のいまわしい歴史から切り離して、人間の友、忠実なる伴侶という特別な地位を与える傾向に進んできたのである。

現在の英国人にとっては犬を食べることは友人を食べることであり、人肉を喰べるのと同じくらい嫌悪感を起させるのである。考えるだけでもおぞましいこと、それはタブーとなる。

タブーとは、そのものの存在を知っていても、言葉化してはならないものである。かくてイギリス人の、ちゃんとした、まっとうな人々の間では犬をめぐる——彼らの考えからすれば——あるまじきことは、それが彼らの手のとどかない所で起る限りは、その存在は無視されることになる。しかし一たび、彼らの圏内でタブー違反が起れば、ヒステリカルな大騒動となるのだ。この点について詳しくは私の『ことばと文化』（岩波新書）第四章を見ていただきたい。

このタブー違反は性に関する四文字語 c*nt, f*ck などが公衆の面前で使用された場合に生ずる反応と同じで、反道徳、反社会的な許せない行為と看做されるのである。

イギリスにおいて、なぜ犬と馬が単なる愛玩対象以上のものになったか（馬肉を食べることは法律で禁じられている）、また動物一般に対する残酷行為と、ディケンズやラムの作品にしばしば取上げられている、子供に対する虐待行為が、ほぼ時を同じくして十九世紀末から二十世紀始めにかけて法律によって禁止されるようになったのは、産業革命（十八世紀後半――十九世紀後半）に伴う社会変動と関係があるのかなどは、イギリス社会思想史の見地から、日本人が研究してみる価値のある問題であろう。

話を元に戻そう。これまで日本人が欧米の文献を通してのみ、彼らの文化、文明を知る努力をしてきたことの、輝かしい成果はもちろん否定できないが、書物を読むということは両刃の剣でもあったことを指摘したいのである。

ブリタニカのような立派な本が必ずしも**客観的な知識の集大成ではなくて、実は世界をイギリス人が、イギリス人の目で、彼らの価値基準で解釈したもの**だということを、私たちははっきりと自覚していただろうか。

福原麟太郎氏と言えば良い意味でも、悪い意味でも、日本人が久しく抱き続けた――そして今ですら必ずしも完全に消えていない——輝かしき大英帝国の文化文明に対する愛情と尊敬の念を最も典型的にそしてすなおに持ち続けてこられた近代日本の代表的文人の一人であろう。
滋味溢れる氏の著作の一つ、『読書と或る人生』（新潮社、一九六七年）の中に、「辞書のこと」と題する一章がある。はじめに、辞書と事典の性質の違いを簡単に説明したあと、英語ではコトバの辞典をディクショナリーと言い、百科辞典（事典）をエンサイクロペディアと言うのが普通であると述べて、英国にはそのいずれについても世界一を誇るものがあったとして、十三冊の大巻オックスフォード英語辞典（通称O. E. D. 又はN. E. D.）がいかに世紀の大事業であったかをたたえた後、ブリタニカ百科大事典についてつぎのように述べておられる。

もう一つの英語の辞書の誇りは、いわゆる『大英百科辞典』（Encyclopædia Britanica）で、これも世界一と呼んで良いものの一つである。ちかごろはアメリカ資本の力を借りるようになって、今はアメリカで出版されておりシカゴ大学で編集している。イギリスの十八世紀半ばすぎに生れて、だんだん膨張し、第九版はすぐれた人々が執筆しているので有名である。私の最も感服するのは第十一版で、これは一九一〇—一一年版である。編集はケイムブリッヂ大学でした。実にがっしりした構成の見事なもので、英国の特にヴィクトリア朝の学問の体系化として英国風の学問の見本の如きものである。その後、十二版十三版は補遺を加えた程度のものであったが十四版になってアメリカ風を発揮し、大項目主義から小項目主義になり、絵を沢山入れて美しく便利になった。（同書一四〇—一四一ページ）

今でこそ、百科事典には類書も多く出版され、中にはブリタニカとは違った特徴、利点を備えたものもなしとは言えないだろう。しかし戦前の日本に育った知識人でブリタニカの恩恵をまったく受けなかった人は少ないし、中にはこれを一ページ一ページ隅から隅まで読破したという人もいたくらいだった。ここに引用した福原氏のブリタニカに対する感慨、高い評価は日本のこれまでの知識人の見解をほぼ示すものと見做してよいと思う。

私が問題として提出したいことは、ブリタニカのような文字通り燦然たる光を放つ、大部の原書に書いてあることを、日本人という異文明、異文化に属する人間が、どのように受けとめるべきかについての反省が、充分行われているかどうかの一点にかかっている。

外国語の本を読んで、ものを知るということは両刃の剣を扱うことであり、毒になるか薬になるかは読む者の姿勢と、先入主にとらわれない偏見から解放された強靱な知性が必要なのだ。

5　日本語は外国人に分るはずはないという偏見

私は第一章において、日本人は明治以来母国語である日本語を欠陥の多い、不完全なものと思って来たという事実を指摘した。日本語は欧米の言語に比較すると、とるに足らぬ、つまらぬ言語であると多くの人々は考えているらしいというのである。この考え方が、中途半端な西欧言語の理解と、西洋言語学の盲目的な適用に基づく誤解であることは、既に第二章で詳しく論じた。

ところが、日本語に対する日本人の考え方には、もう一つの興味ぶかい側面がある。それは外国人に日本語は分るはずがないという確信である。

この本を読まれる方の中には、外国人で日本語の上手な人を沢山知っている方もあろうし、東京では今、外国人向けの日本語学校がちょっとしたブームになっていることなどから、外国人は日本語が話せないなどと思ったこともないと反論する人も多いと思う。だが私はごく普通の平均的な日本人のことを言っているのである。その人たちの言動を観察すると、どうも私たち日本人は、かなり心の奥深い所で日本語は日本人だけのものという不思議な確信を抱いていると言わざるをえないのである。

そこで私はこの容易には信じがたい事実を、私個人の考えという形ではなく、日本および日本人をよく知っている外国人たちの証言をかりることによって明らかにして行くことにした。

証言 一

ベルギー人のカトリック神父であり言語学者でもあるグロータース氏が、来日十五年目に、『わたしは日本人になりたい』（W・A・グロータース著、柴田武訳、筑摩書房、一九六四）という本を書かれた。中国に長年滞在された後、日本に来られたので、氏の漢字の知識は普通の日本人など足許にも及ばないが、話される日本語にはいくらか外国人の日本語ということが分る癖がある。とは言っても日本の学者と一緒に方言の研究で各地を訪れ、大学では言語学の講義を日本語でなさるのであるから、伝達という意味でなら氏の日本語は申し分ないものと言えよう。そこでこの「青い目をした、鼻の高い」典型的な外人であるグロータース氏の日本語に、一般の日本人が示す反応を同書から引用してみることにする。

ある日、東宝名人会の切符を取るつもりで、日比谷の東宝へ行って、切符売場の窓口に声をかけた。

「金曜日の切符が一枚ほしいんですが。」

売子の女の子が顎で答えた。

「隣りの窓口でございます。」

すぐ隣りに並んでスカラ座映画劇場の切符売場がある。隣りの窓口というのは、そこのことだ。わたしは少し声を大きくして抗議した。

「ここじゃないですか、東宝名人会は。」

売子は顔を真赤にして、

「いや、映画の切符かと思いました。」をくり返した。

さて、次の金曜日、予約した席で寄席を楽しんでいた。一時間ぐらいたったとき、わたしの隣りにいたサラリーマン風の若い人が、そとに出るためにわたしの前を通ろうとした。そのときのあいさつが、Please, excuse me! と英語だったのにはびっくりした。日本人が日本語でとばす日本的な冗談を、笑ってさっきから聞いている、このわたしに、なんの必要があって英語、で話すのだろうか。わたしにはその気持がわからない。わたしはびっくりするだけでなく、ある種のいらだたしさを感じる。(四一―四二ページ)

切符の売子は、グロータース氏がちゃんとした日本語で話しているのに、隣りの洋画の切符を間違って買いに来たと思い込んでいる。外人が日本語の寄席など聞いて分るはずがないという先入主が、現に目の前の外人が立派な日本語を話しているという事実に対して、彼女を盲目(?)にしているのだ。

また、隣りに坐った若い男も、外人と見れば日本語が分るはずがないというステレオタイプの判断で行動したのだと思う。一時間も一緒に寄席をきいていて、なおかつ英語で話しかけてくる心理が分らないとグロータース氏は書いておられるが、それは私があとでも述べるように、日本語を話すということは、日本人の顔をした、日本人の行動様式をそなえた人、つまり日本人にのみ期待できることで、このような条件を少しでも欠いた人間の口から日本語が飛び出したりすると、私たち普通の日本人は非常な違和感を覚え、心理的に不安定になるということに関係がある。

証言 二　アラン・ターニー著『日本のなかの外国人』(三省堂新書81、一九七〇)

日本人について書いたり、話したりする時、外国人は、「神秘な」という形容詞を用いるが、私自身、日本人が他の国の人に比べて多少とも神秘だと感じたことはない。しかし日本語のできる外国人たちに対する日本人の態度に関しては、神秘という状態に最も近いと思う。
　もしだれかが日本語を少し話せて、それを使おうと努力する時、日本人はそれを喜ぶのが普通である。なぜなら、それはその人が日本が好きで、日本に興味を抱いているしるしと取るからである。ところが、もし、かなり流暢な会話ができると、「変な外人」とか「気持ち悪い」とかいう言葉をしばしば聞かされることになる。これらの言葉は、普通は軽べつの意図はないことを申し添えておこう。しかし、日本語が慣用的になればなるほど、ある人たちにとっては、「気持ち悪い！」ことになるらしいのである。（中略）当の外国人が、みせびらかすつもりではなくて、実際に日本語が上手な場合には、こうした日本人の態度には、私は多少、解釈に苦しむ。（一〇八―一〇九ページ）

ターニー氏はさらに、外国人が日本語をしゃべることなど思ってもみないというこの日本人の問題は、面白いことに外国人に人々が慣れているはずの、東京をはじめとする大都市にのみ起る不思議な現象であると言ってつぎのように書いておられる。

　東京では外国人が何か言おうと口を開くと、まだ一言も言わぬ中に、彼の言うことは自分たちには分らないだろうと、決めてしまうように思われる。英語がとび出して来るものと思っていて、日本語のほうにダイヤルを合わしていない。極端な例を示そう。私の友だちが、一度、交番の警官のところへ行って、あるレストランの場所をかなり分りやすい日本語で尋ねた。警官は彼を見つめてちょっと考えてから、英語で教えようとした。半分ばかりしゃべって、自分の英語が用をなさないことに気づくと、警官は友人のほうを向き英語で、「日本語をお話しになるのですか？」と尋ねたものである。（傍点は引用者）（一一二―一一三ページ）

日本で夏目漱石を研究しておられる英国人のターニー氏が、理解に苦しむと言われる、外国人が下手な日本語を使えば嬉しがるのに、達者な日本語を使うと気持が悪いと感じる日本人の心理を、私はつぎのように解釈している。私たちは幼児がヨチヨチ歩きをはじめると、「あんよは上手」と言って褒めそやす。だがもし、この子がスタスタと立派に歩きはじめたら、変だ気味が悪いと騒ぎ出すにちがいない。幼児が大人のように、ちゃんと歩けるはずがないからだ。外人は日本語が完全に（つまり日本人のように）できるはずはないと私たちは確信しているから、上手に日本語を使う人に出会うと気味が悪いのである。あるべきことでないことに遭遇すると、一般に人間は気味が悪いという心理的な不安定に陥るものである。それは目の前の現象を納得いくように分類し、解釈しきることができないからだ。そこで外人が折角日本語をうまく使っているのに、それは英語であるに違いないと思い込んでしまうか、気持が悪いと思うかのどちらかになる。

証言　三　ドナルド・キーン著『碧い眼の太郎冠者』（中央公論社、一九七三、新装版）

外人の日本語についての日本人の先入観も面白い。従来は日本語のできる外人は少かつたし、今でもその数が決して多くはないが、段々ふえていくので、先入観を改める時機が迫つている。私の体験した一例をとりあげよう。いつぞや友人の家に呼ばれて楽しく世間話をしていた。友人が私に「あなたは馬に乗りますか」と聞いたが、ちようどそのとき外で犬が吠えたので、質問が聞えなかつた。「はあ?」というと友人が私の日本語の理解力に信用を失つた。もしおなじ場合日本人が「はあ?」といつたら、恐らく友人が「あなたは馬に乗りますか」とくり返していつたろうが、私は外人であるから、彼は「馬、馬、乗馬、ひんひん」と馬のまねをしながら丁寧に説明してくれた。私はもちろん大いに慢心の鼻を打たれた。外人に対してカタカナで話す日本人もいる。「アナタ、イキマス? ワタシ(自分を指して)イキマス」全く日本語を知らない外人の場合は親切かも知れないが、私にとつてこんなカタカナの会話は特別にありがたくはない。

　外人の日本語の会話より日本の文字に先入観はもつと深い。例えば、私の専門は日本文学で、あると知つている人さえ、名刺を渡すとき、「ああすみません。日本語をお読みになりませんでしよう」とあやまる。非常に読みにくい名前であつたら、まだ分るが、「山本」や「佐藤」の字を見れば、読めるはずである。日本語を読める外人はいうまでもなくごく少いが、国文学をやるものなら、せめて中学生ぐらいの知識はもつているはずであろう。(傍点は引用者)(一二―一三ページ)

キーン氏は数少ない外国人の優れた日本文学研究者であり、コロンビア大学の日本文学の教授でもある。静かな口調で語っておられるが、それだけに日本語に関して子供扱いを受けられた時のお気持は読む者に充分伝わってくる。日本の英文学の教授がイギリスに行って、よくそんな黒い目でシェイクスピア（でも何でもよい）が読めますねというようなことを言われて平然としていられるだろうか。

一九七二年の秋、日本ペンクラブ主催の日本文化国際会議の「日本語と日本文化」の部門で、キーン氏の体験と全く同じことが、またも或る外国人学者の身にふりかかった。その人は例のグロータース氏である。私も加わったパネルの中に氏も並んで坐っていたが、グロータース氏が発言の途中でむずかしい漢語（たしか憂鬱だったと思う）を使われた時、司会の先生が恐らく氏の漢字に対する造詣の深さを聴衆に示そうという好意からだと思うが、いまの漢字を黒板に書いて下さいとたのんだ。もちろん中国語も達人のグロータース氏のことであるから、すらすらと美しい字で憂鬱と大書された。すかさず聴衆一同は拍手喝采したものである。

そこで私は発言を求めて、唯今の拍手はグロータース氏を褒められたつもりかもしれないが、私の考えでは、これは氏を侮辱することになると思う。幼稚園の生徒が黒板にむずかしい字をうまく書いた時に、よーくできましたと言うようなものであって、外国人に漢字は書けるはずがないという前提に立っているのではないか。だが私がアメリカの大学で黒板にむずかしいギリシャ系、ラテン系の英語をいくら書いたところで、誰も拍手などしてくれたことがない。外国の学者が専門とする分野で日本語が分り、漢字が書けるのは当り前で、それを特別珍しい稀有のことだと受けとめることは、失礼以外の何物でもないと、多少興奮してしゃべったものである。

証言　四

英国人のトレバー・レゲット氏は戦前外交官として日本に滞在し、戦後二十五年の長きにわたって、英国放送協会（ＢＢＣ）の日本語部長をつとめられた日本通であるが、日本語で『紳士道と武士道』（サイマル出版会、一九七三）という面白い本を出された。その中で、一人ぼっちの暮しに退屈した羊飼が犬に言葉を話せるように仕込んだため、思わぬ金もうけができたというイギリスの古い笑い話を紹介されたあと、日本にいる外国人で、ちょっとばかり日本語をしゃべる連中は、この「ものいう犬」のカテゴリーに入れられてしまうと嘆いておられる。気のきいたことなど言わなくても、日本語で何かを言えば、それだけで十分賞讃をうけることになるからだ。

その反面、会社の受付にいるような日本人は、外人が近よってくるのを見ると、時には異常なまでの緊張状態に陥って、外人が今にも英語で話しかけてくるものと思い込む。その結果、外人が前もって作文してあるちゃんとした日本語の文章で話しかけても、それを英語だと思って理解できないことがあることを、次のようにユーモアたっぷりに書いておられる。

私が『受付に』近寄ってゆくと、そこにいた女の子の一人は、突然戸棚のなかをかきまわしはじめる。探しものをしているのだろうが、それは、私が立ち去るまでは見つかるまい。他の二人はもじもじしている。そこで私は日本語で語りかける。「長谷川社長はいらっしゃいますか。私は十時にお目にかかる約束です」

完全な沈黙。戸棚さがし屋さえもしばし手をとめる。彼女らの最悪の恐れが今や確かなものとなった。――私の英語はまったく理解できないのである。女の子の一人が英語でいう。“Excuse me……” 私は、もう一度日本語をくり返し、「私の名前はレゲットです」とつけ加える。女の子は、レコード・プレーヤーでも内蔵しているかのように、英語で言い続ける。“I am sorry. I do not understand……” 私は、ゆっくり日本語でいう。「あなたは……日本語を……話せますね……?」彼女はなおも英語で答える。“Yes I do, but……”（中略）

われわれ日本研究家はほとんど全員といっていいくらい、この種の屈辱的経験をしている。新参の外国人をつれ歩いているときなどは、特に始末がわるい。われわれの早口の（しかもしばしば正確な）日本語は、理解し難くかつ途切れがちの英語の出迎えを受ける。（一六二―一六三ページ）

内容からみて多少重複する点もあるこの四人の外国人の証言を、私があえてここに引用した理由は、そこに示された観察の中に、一般の日本人が日本語というものを、どう考えているかが実によく現われているからである。

四人の発言に共通している重要な点を要約すると、まず第一に日本人の大多数は未だに外人恐怖症（xenophobia）から脱け切っていないということである。私がさきに、日本社会の特質を単一等質性、国際的孤立性（島国性）などという、陳腐きわまる概念でくどいほど説明したのも、このような事実の裏付けがあるからなのである。

年間二百数十万人もの旅行者が外国を訪れ、外人との国内における接触も従来とは比較にならないほど高まっているように見えながら、私たちは外人に対する恐怖感から心理的には解放されていないと言わざるをえない。

恐怖症とか恐怖感ということばは誤解をまねくひびきがあるので、むしろ心理的な違和感と言ってもよいと思う。外人と対面すると心理的な安定がくずれ、心が動揺して、正常な思考が停止し、平衡のとれた行動ができなくなるのである。人が初めて晴がましい場所に出たときや、初舞台をふむ時に、「あがって」しまうことがよくあるが、普通の日本人は、まさにこの舞台まけ(stage fright)を外人に対して経験するものらしい。外国人が折角わかりよい日本語で話しかけているのに、日本人の方が下手な英語で、しかも、「あなたは日本語を話せますか」と尋ねるなどということは、その人が正常な心理状態にいないことをはっきりと示している。

一般に高等動物は自分の棲む一定の地域を縄張り（テリトリイ）として確保し、その中では外来者に対し、すべての点で優位に立つことが知られている。鳥でも犬でも、他者の縄張りの中に入ると、肉体的に強い個体でさえ心理的に位負けし、弱者として振舞うのが普通である。

地元の野球チームがホーム・グラウンドでは強いのに、遠征すると振わないことがよくあるが、これも縄張りを出たため、相手に心理的に呑まれてしまうことが原因の一つである。

このような事実を考慮すると、日本人の、ことに都会人の外国人に対する位負けは真に不思議な、面白い現象と言わざるをえない。外国人こそ、はるばる海を越えて他国に渡って来たのだし、言葉も勝手も分らない。彼等こそ心理的弱者たる充分の資格をそなえているわけである。これに対し、自分の生活の本拠に外来者を迎えた日本人は、気楽に堂々と振舞えるはずなのに、結果は正に逆転している。この点については後で再びふれるつもりである。

四人の証言から明らかな第二の点は、外国人には日本語が分るはずがない、という抜きがたい確信を日本人は持っているという事実である。それだから外人の片言の日本語は歓迎されるばかりか、必要以上に褒めあげたりするのに、流暢にしゃべられると意外な期待はずれから来る違和感、さらには不快、不信の念をさえ抱くのである。ドナルド・キーン氏が日本文学研究家であることを知っている人でさえ、日本語の名刺を「うっかり」出して恐縮するなどということは、**日本語は日本人だけのものという、信仰にも近い考え方の存在をよく示している。**

日本人の「日本人観」「日本語観」

それでは何故このように、外国人の眼から見ると不可解な、そして不愉快きわまる態度を私たち日本人は外国人に向ってとり、彼等の話す日本語に対して、このような偏見を抱くようになったのだろうか。

第一の問に対する答は簡単明瞭である。我国は外国とは国境を接することが全くない完全な島国であるのみならず（例えばフランス本国は六つの国境で外国に直接つながっている）、また国内に異民族の大集団がいないためである。その上、文化の間接受容のところで述べたように、歴史的にも外国人の直接的侵入を受けたことがない。外国人の友人知人を持つ人は少数であり、遠い先祖は言うまでもなく、近い親戚の中に外国人のいる人を見出すことさえ容易ではない。ところがアメリカは言うまでもなく、欧亜大陸の大民族では事情はまったく違う。祖父や伯母に外国人がいる人など、いくらもいる。イギリス王室は殆んど全ヨーロッパに拡がる国々の王族・貴族と姻戚関係にある。このように見てくると、私たち日本人の外国人恐怖症は一朝一夕で消滅するには、あまりにも根の深い民族文化的な特質だということが分る。

第二番目の問題、つまり外国人には日本語が分るはずはないという確信は、もちろんいま述べた第一の問題と無関係ではない。日本人と他国の人の直接交渉が多ければ、日本語を使える外人の数は自然と増えて来るわけである。そのようになれば、日本語を話す外国人は珍しくなくなり、違和感も当然減少することになろう。ただ今までのところ、日本語の上手な外国人は例外的な存在であり、それだけに、これらの少数の人々は、「ものいう犬」という侮辱を受けるのである。

第三章「世界の中の日本語の位置」でもふれたように、日本語は日本という国と固く結びつき、日本民族、日本文化と一体をなしている。**私は日本人が日本語に対して持っている考え方は、属人主義的とでも言うべき性格が非常に強い**と思う。属人主義とは属地主義と一対をなす概念で、新たに生れた子供が何処の国家に属するかを法律的に認定する際に適用される規準である。私たちは日本人を両親として生れた子供は自動的に日本人であることを疑わない。日本人にはこの考え方が一番自然であって、たとえ外国滞在中に子供が生れても、子供の国籍の解釈に問題が生じ得るなど考えてもみないのが普通である。ところが例えばアメリカ合衆国のような国では、生れた子供の国籍を決定するものは、両親の国籍ではなく、生れた場所なのである。従ってアメリカに滞在する日本人の夫婦から生れた子供は原則としてアメリカ国籍を持つことになる。だが日本人にとって、日本人とは究極的には血の問題なのであって、法律やとりきめの問題ではない。

日本人が持っているこのような日本人観から次の二つのことが説明できる。一つは日本人であるためには、日本人として生れて来なくては駄目だということである。外国人は日本人になることはできないのだ。たとえ法律的に帰化の手続を正しくふんでも、外国人がいつまでも本当の日本人として受け入れられないのはこのためである。

第二の事実は、ハワイやブラジルに住む日系のアメリカ人やブラジル人を、私たちは依然として勝手に日本人だと思っていることである。

国籍、市民権、民族をそれぞれ別個のものとして区別することを知らない私たちは、日本民族の血を引いているこれらの人々を、すでに私たちの手のとどかない、その人たちなりに完全に自立した外国人として突き放して見ることができない。

ところがこれらの人々は、たしかに人種的には日本民族の血を受けついではいるが、意識の点でも法律的にも、れっきとしたアメリカ人でありブラジル人なのだ。そこで私たちと、この人々が接触すると事ごとに喰違いが起きることになる。

一言で言えば、私たちは彼等をまだ日本人だと一方的に思っている。そこで日本人らしくしろとか、日本人のくせに日本語を忘れるとは情けない、といったような言動に出かねない。つまり二級の日本人として彼等を見てしまうのである。ハワイやブラジルの日系人が、日本人の押しつけがましい態度に対して感じる不満や怒りは、日本人が人間という存在を基本的に決定する国籍、人種、文化、宗教、そして言語のような重要な要因に関して、属人主義的な受け止め方しかできないという特性に基くことが多いのである。

白人コンプレックス

さてここで、話を外国人の使う日本語に戻そう。今のべたことが理解できれば、日本語という言語も、日本人が使ってこそ日本語なのであって、外国人が習い覚えて使う日本語は、それがたとえ上手であっても、どこかおかしい。それは言葉そのものがおかしいのではなく、それを話す人との調和がとれていないのだと感じる心理が理解できよう。日本語とは、日本人が持って生れたいろいろな特性、たとえば黒い髪、黄色い皮膚、日本的感情、習慣、そして価値観とセットになり一体をなしているのだ。日本語を一つの言語として、それだけを他の人間的要素から切り離して考えたり、受け止めたりする用意が私たち日本人にはまだないのである。

程度の差こそあれ、他の国の言語は、このような扱いを受けることが少ない。英語は最も極端な例であろうが、もはや英国人やアメリカ人との不可分なセットではなくなっている。よく見かけることだが、外国人が日本語をしゃべるとクスクスと笑う若い女性がある。これに反しイギリス人やアメリカ人は、日本人の下手な英語に対して不思議なほど笑わない。この相違に気付いて、それを両者のマナーの差に帰する人がいるが、私は以上述べたことから問題はそのような単純なものではないと考えている。日本語は少なくとも今までのところは、日本人にとって一種の運命共同体を形づくっているからである。

ここまで読まれた方の中には、私が外人と言い外国人と言う時に、ヨーロッパ人、白人のことしか頭にないのがおかしいと感じられた人があると思う。まさにその通りである。しかし日本人が笑ったり嬉しがったりするのは、紅毛碧眼の典型的な白人が日本語を話すときに、最も強く出るのが事実なのである。朝鮮（韓国）の人や中国人が話す日本語に対する日本人の反応は非常に違う。上手な場合でも決して気味が悪いとか、変だと思わない。そして下手ならば、明らかに軽蔑的な態度に出る。御愛嬌として彼等の片言や発音の訛を喜ぶことはしないのである。

このことはテレビやラジオのコマーシャルに出てくる外人を観察すれば明らかである。今日の日本では香水、チョコレート、ティッシュー・ペーパー、カメラ、酒とありとあらゆる商品の宣伝に白人の外国人が登場して来る。そして日本語を使うときは、すべてが片言で、舌たらずの下手な日本語を話す。いや片言を話すように注文をつけられているのである。その方が効果があるからだ。しかし明らかにそれと分る中国人や韓国訛りの外国人は決して出てこない。この人々の日本語では視聴者に、くすぐるような快感を与えることはできないらしい。

白人と非白人の使う日本語に対する日本人の反応のちがいは、私たちの心に深く巣くっている西欧崇拝、白人コンプレックスに原因の一半があることは間違いないだろう。しかし私は、それに加えて、日本周辺の諸民族の身体的特徴、ことに髪、眼、皮膚の色を中心とする顔つきが、日本人と酷似しているという事実を見逃すことはできないと思う。

これらの人々の中には、立入った詳しい情報がない場合には、見ただけで日本人と区別できない場合さえある。したがって私たちは、この人々に対しては白人に向ったときのような、極度の違和感をおぼえることはないし、心理的動揺もあまり起さない。だからこそ彼等の使う日本語に、日本人の日本語と本質的には同じ規準で、日本人の延長として接することができるのである。

私のこの解釈を裏付ける一つの事実をつけ加えよう。私の大学にかつて日本語を勉強しに来ていたインドの女子学生に、数年後京都のある国際会議の席で再会した。彼女の日本語は相当なものであるが、「まったく正確」というものではなかった。顔立ちは色こそ多少黒いが、典型的なアーリア系である。彼女は私を含めた何人かの日本の言語学者に、一体どうして日本人は私の使う日本語を褒めてばかりいて、欠点を指摘してくれないのだろうか。これではある程度以上になると、もう先に進めないとしきりにこぼすのである。広い意味の東洋人であっても彼女のような、それと分る外人顔に対しては、日本人の違和感が発動してしまうのだなと思ったものである。

6　相手依存の自己規定

以前、私がアメリカのある大学に滞在している時、日本から友人の一人が、私の興味を持ちそうな話題を選んで新聞の切り抜きを送ってくれた。その中に、近ごろ中学生・高校生の自殺の原因として、「自分の心をすっかり打ちあけてとことんまで話のできる相手が誰もいない悩み」が大きな比率を占めているという記事があった。学校の先生は悩み事の相談に乗ってくれない。同級生はみな受験のライバルで、心を打ちあけることなど思いもよらないし、両親はただ勉強しろの一点ばりで、話にもならない。自分はこの孤独にもう耐えられないというのである。

私はたまたま担当していた大学院の講義が、日本人の自我の構造と言語表現の関係にふれるものだったので、早速この話を学生たちにして、どう思うかと尋ねてみた。驚いたことに、何人かの学生がおかしくてたまらないという様子で笑い出したのである。私が理由をただすと、一人が次のように答えた。

私は本当に大切なことは、友人はもちろん、親にも話したことがない。先生や他人と相当深くいろいろ議論はするが、それは自分の心の中にある大事な問題について自分で決定する手がかりを得るためであって、問題そのものを打ちあけることはしないし、ましてその解決を他人から教わろうとは思わない。個人が本当に個人である部分は、他人に言えない部分であって、それを明すことは自分の存在を危険にさらすようなものだ。だから何もかも心をすっかり打ちあける他人がいないことで自殺するなど愚の骨頂である。

私は少々啞然として他の者の意見をも求めてみた。女子学生の一人は、自分も大体同意見で、本当に自分にとって大切なことは夫にも決して言ったことがないと言う。そして自分以外の人間に、自分の本当の気持など分るはずがないとつけ加えるのだった。

これは一つの挿話にしかすぎないのであるが、しかしこの話ほど私がこれから述べようとする、日本人にとって、自分とは何か、相手とは何かの問題を解明するための適切な糸口を与えてくれるものもないと思うのである。

私たち日本人は、絶えず自分の本当の気持、意のあるところを誰か適当な他人に分って貰うことを求めているらしい。他の人に賛成して貰いたい、同意して欲しい、共感を味わいたいという願望は私たちの他人との関係の中で、手を替え品を替えて各種の行動に現われてくる。

何もかもぶちまけてしまいたい、すっかりしゃべって胸がせいせいするというような態度、日本の犯罪者の自白率が驚くほど高いという事実、外交の舞台でしばしば問題になる日本人の機密や秘密を保持することの難しさ、それらすべては、重大な問題を一人心にしまって、それの重みにじっと耐えて行くという固く閉ざされた自我のしくみが、私たち日本人にはきわめて弱いせいなのではないかと思われる。

いま述べたようなきわめて印象的で大づかみな日本人の自我の構造は、私の考えでは私たちの人間関係の把握の様式と深い関係がある。それは**日本人は自分がなんであるかという自己同一性の確認を他者を基準にして行う傾向が強いからである**。他者の存在を先ず前提とし、自己をその上に拡大投影して自他の合一をはかるか、他者との具体的な関係において、自己の座標を決定しながら自己確認を行うかのどちらかの方式をとる。どちらも相手を基準とする自己確認である点では共通のものと言える。

いま述べた点を、もっと具体的な事実に基きながら説明しよう。私はここ数年間、日本人が対話の場において、自分および相手をどのような角度から、どのようなことばを使って表わしているかという問題を調べてきた。またその結果明らかになった言語的な事実を、英語をはじめとするいろいろな言語における類似の現象と比較対照して、彼我の言語構造および人間関係の把握の様式の違いを明らかにする仕事も行ってきた。

しかしこれらの研究の結果はすでにいろいろと論文の形で発表もしたし、小著『ことばと文化』（岩波新書、一九七三）にもやや詳しく述べておいたので、ここではごく簡単にふれるだけに止めたい。

自分のことを何と呼ぶか

現代の標準日本語には、話し手が自分を表わす一人称代名詞、そして相手を示す二人称代名詞が、それぞれ数個もあることが知られている。ところが実際に、ある特定の人物を限って、その人が日常の生活の中で自分および相手をどのように言語で表現しているかを調査してみたところ、意外な結果が出たのである。

第一に、人称代名詞を使用する範囲が意外に限られているという事実である。それでは代りに何を使っているかと言うと、自分および相手の、広い意味での資格や地位を表わすことばが使用されていることが分った。

例えば一家の長である男性は、子供と話すときには、自分のことを「おとうさん」とか、「パパ」と言う。兄は弟妹に向って、「お兄ちゃんのボールペンどこへやった？」などと言うのである。しかし弟が姉に対して自分のことを、「ねえ、弟ちゃんにこれちょうだいよ」というようなことは言わないし、男子が母親に向って、「息子は出掛けるよ」とも言わない。このような場合には、「ぼく」「わたし」のような代名詞を使うのである。

相手に直接呼びかける場合にも、お父さん、お母さん、おじさん、おばさん、にいさん、ねえさんなどは用いられるが、弟、妹、息子、娘、孫、甥、姪のような言葉は、いかに変形しても使用することはできない。このような親族に対しては名前か、二人称代名詞を使うのが普通である。その反面、親や兄姉には人称代名詞を使って呼びかけることはまれである。

こうした相手および自分を示す言葉の使い方は、家の外での社会的な場面においても見ることができる。学校の先生は生徒に対して自分のことを先生と言う。生徒の方は、先生を先生と呼んで、あなたなどとは言わない。会社でも、目上を職名・地位名で呼ぶのは普通であるが、二人称代名詞は用いられないのである。

そこでこのような原則に基いて、一人の個人が生活の中でどのくらいの異なった自己の呼び方をするものかを次に見てみることにする。

年齢四十歳の小学校の先生Aには妻と男の子一人、そしてまだ大学生の弟がいる。他に近い親族としては別居している父と兄がいる。この先生が、いくつ自分の呼び方を持っているかというと、少なく見て七種もあるのである。自分の子に対しては「おとうさん」、弟に対する時は「にいさん」、妻と話すときは「おれ」、父に対しては「ぼく」、兄に対しても同様である。隣の子に向っているときは「おじさん」、学校で生徒に教える時は「先生」、同僚に対しては「ぼく」、校長に対しては「私」であることが分った。

この人は話の相手が誰で、自分に対してどのような地位、資格を持っているかを見きわめた上で、その場に最も適切な言葉選びをしている。つまり相手の性質が、自分の自己を言語的に把握する角度に直接反映するのである。「自分は何者であるのか」ということが、「相手は誰か」に依存する構造になっていると言える。このような言語による自己把握の相対性は、少なくとも西欧諸国の言語にはまったく見られないことは特筆に価する。

英、独、仏のようなヨーロッパの言語では、話者が自己を言語的に表現する角度は、原則として一定不変であって、用語としては一人称代名詞のみが用いられる。私はこの型の自己把握を絶対的な自己表現と呼んで、日本型の相対的自己表現と区別したのである。

さて、このような相手に依存する自己規定とは、自己が自己自身を見る視点を他者の立場に移すことを意味すると考えられる。人は自分を「おとうさん」として把握できるためには、自分の子供の視点から自分を見る必要がある。またある人が先生と自称しうるためには、生徒の立場から自己を見直さなければならないからである。

相対的な自己表現の言語習慣は、かくして必然的に相手の立場からの自己規定、他者を介しての自己同一性の確立という心理的パタンにつながっていくものと言えよう。これは自己と相手の立場の同一化と称することもできる。自分が具体的な自分であるためには、相手が必要であり、その相手を通しての確認が要求されるからである。

私がこの節の始めに、自分の気持を打ちあけ、理解し同調してくれるものがいないという、最近の中学高校生の悩みの中に、アメリカ人の理解できない自我の構造が現われていることを指摘し、このことが日本人の人間関係の把握の様式および言葉の使い方に深いつながりがあると述べたのは、このことを指していたのである。

他者に依存する日本人の自己認識

　このしくみが、社会学者が日本人の特性として指摘する他人志向型の大勢順応主義と無関係でないことは明らかであろう。他の人の出方が分らないうちは、自分の意志を決定できないのである。しかしまた自分を自分の立場からは決定しにくいという心理構造は、マイナスの面ばかりあるとは言えないと思う。日本人は一貫した独自の主義方針をたてて、それをどこまでも貫こうとするより、具体的な状況に応じて、その時その時の最も効率のよい解決を見出すことに長じているのはこのためであって、独断専行的な硬直した姿勢がしばしば目立つ西欧的な行動様式といい対照をなしている。

　この**相手にたよる相対的な自己確認のパタン**は、前節で述べた日本人の欧米人に対する心理的動揺をも説明することができる。私たちが人間関係における自己の座標を決定できるためには、相手が誰であって、その人が自分より上か下かといった相手の位置づけが先決条件となっている。

　ところが外国人は、私たちがこのような位置づけを行う一切の手がかりを与えてくれない。そこで私たちは相手が決定できないために、結果として自己の位置づけもできないという心理的な不安定の状態に置かれることになる。また私たちは見知らぬ他人に対しては、顔見知りの人に対する場合とは非常に異なった接し方をするので有名である。これも、自分が位置づけすることが不可能な相手に対しては、相手を無視することによって自己の不安定化を避けようとするからに他ならない。日本人は相手の正体が不明のときは、その相手と正常な人間関係を組めないと言っても言い過ぎではないと思う。

日本人の持つ、この柔らかい、相手と同調しなければ安定しないような弱い自我の構造は次のような現象にもよく現われている。

日本人が外国人に日本語を教えているとき、相手が片言の日本語を使うものだから、いつの間にか引込まれて、気がついてみるとこちらも片言になっていることがよくある。相手の不確実な日本語が、こちらの心理的安定を崩してしまうのである。

相手に合せることをしない欧米人の場合は、こちらがたとえば下手な英語を使っても、彼等の英語がしどろもどろになるようなことは先ずないと言ってよい。

考えてみると、日本語の語彙の中には相手および他人の気持を、こちらが一方的に推しはかる性質の言葉や表現が多い。「察しがよい、悪い」、「気がきく、きかない」、「思いやりがある、ない」のような表現は概してヨーロッパ語に翻訳しにくいものだが、他人が意見なり願望なりを言語で表明しないうちは相手の気持を推しはかるような態度に出ないことが、日本以外の文化では常道だということを知れば当然である。「ありがた迷惑」という複雑な感情も、他人の気持を察して行為を先取りすることが平素行われているからこそ成立するので、いつも明示的にたのまれたことだけしかやらなければ問題は生じないわけである。

相手の立場でものを考え、自己を拡大して他者をとり込むという傾向のある日本的な精神風土では、**自己に対立するものとしての他者（相手）の意識が当然のこととして稀薄になる。**日本人には真の対話がないとよく言われるが、対話とは元来、求心的に収斂する固い自我を持つもの同士が、自己に拮抗《きっこう》し、対立する他者との意見の調整をはかり、利害を調節する機能をはたすものとしての言語なのであるから、相手を自己の立場の原点としてのみ考える拡散型自我構造を持つ日本人には最も異質なものなのである。

7　日本人の言語観――ことば不信と「論より証拠」

この章の前半で詳しく説明したように、理想的な島国に同一民族の住む我が国は、有史以来絶えず外国文化の強大な影響にさらされながらも、国内に於て他の文明社会にその比を見ない程の、純度の高い等質文化を形成することが出来たのである。

もちろん細かに見れば、東日本的文化と西日本の風俗、習慣の相違とか、山村と漁村、農民と町人の思考様式の違いなどいくらでも異質性の存在を指摘することは出来よう。だが一神教的世界観と多神教的宗教観との妥協を許さぬ対立とか、遊牧民的生活様式と農耕民的定着性のはげしい拮抗状態といったような、人間の基本的な価値を正負、陰陽の両極に分化対比させるような緊張が国内に全くないということは否定し得ぬ事実である。

日本人が相互にこのような同質的存在基盤の上に立っているということは、とりもなおさず、日本人にとって他人とは理解を超越した、不可思議な存在ではあり得ないということを意味する。私たちは他人を、悪人は悪人なりに、善人は善人なりに、自分の価値体系の中で少なくとも位置づけることが可能なのである。

このように考え方のしくみ、価値の前提が等しいもの同士が、相手を理解する最良の方法は相互の接触を多くすることである。相手の行動がよって立つ事実、具体的条件を出来るだけ詳しく知れば、半ば自動的に理解が成立することになる。前節で述べたように、相手の気持になることが可能なのである。

このような人間関係では当然のことながら、ことばを使うことが少なくて済むことになる。ことばというものは、その性質上、事実をそのまま伝えることは出来ない。その意味では実に不完全、不充分なものなのである。したがって事実のレベルでの理解が可能な場合には、不充分なことばで理解を上塗りする必要がないのみならず、なまじ不完全なことばを使うことは、折角合一的な理解が出来ているものに、水をさす結果にならないとも限らない。何も言わないのが一番ぴったりするのである。日本人の伝統的な伝達が、理解よりも察知すること、説得よりも感得することに重点が置かれていたのは、結局は同質の相手を前提とし、相手と同質になることに努め、またそれが可能であったという事実に帰着すると思われる。

日本では古来ありとあらゆる学問、学芸が行われて来たにもかかわらず、ことばの使い方を練磨修業する雄弁術や修辞学だけは、遂に発達せず、今なお顧みられないという事実は、私たち日本人のこの根強いことば不信の伝統の故であろう。事実が優先し、そして事実に頼れる社会では、ことばという本質的には虚構性の濃厚な伝達手段の出る幕がないのだ。

ところが人種、宗教、言語、風俗習慣、生活様式のすべてが基本的に異なり、時には対蹠的とも言えるほどの対立さえ見せるユーラシア大陸の諸民族にとって、事実理解の面での相互の一致は望めないのである。だからと言って相手を無視して生きて行くことも出来ず、また相手を力で圧伏することも常に可能とは限らない。基本的な不一致、重大な前提の違いをふまえながら、せめてもの妥協をはかる必要が生じてくる。異質の相手と自己との間に横たわるこの相違を乗り越え、相互の距離を少しでも縮める唯一の手段として、ことばによる説得、ことばによる自己主張がここに登場してくるのである。

彼等も日本人と同様、ことばが本来的には不完全であり、時としては無力に近いことをば知らないわけではない。しかし無力であり不完全であると知りながらも、それに頼る以外に相互理解の方法がないという追いつめられた、ぎりぎりの情況から、逆にことばを重視し、ことばによる伝達に全力を注ぐという一見ことばに対する信頼とも見える矛盾的な態度が生れてくるのだ。

ギリシャ、ローマ以来の西欧社会、中国、インドの歴史を見れば、人々がいかにことばを使い、ことばを磨き、ことばで結ばれた契約に固執して来たかが一目瞭然である。裁判、政治、教育、外交のすべてが、ことばとことばの烈しいぶつけ合いの様相を呈していると言っても言い過ぎではない。

ことばに表わされないものは、存在しないに等しいとすら言えるほどの、このことばに対する情熱は、大切なこと、重大なことほどことばでは言えないと考える私たちの心情とはほど遠いものである。

私たちはしばしば議論をする時、相手の主張に対して、《それは理屈だ》といって反対する。《理屈はそうだが、事実かどうか》といって賛成をひかえることもある。私たちは明らかに事実を理屈にまさるものと考えているのである。《論より証拠》なのである。ところが、西欧社会ではしばしば《証拠より論》という態度が見られるのだ。これは、万人にとって承服出来る客観的な事実の存在を前提とすることが出来ない、異質の構成員よりなる社会集団が彼等の社会なのだということを考えて、初めて理解出来るものである（章末注）。

私の勤めている大学では、学生の父兄のために隔月発行の小冊子を出しているが、かつて「外国の学生たち」という主題で、五名の教授に自分の留学体験をふまえながら、各国の学生かたぎの特質を話してもらう座談会を開いたことがある。私も司会者として、またアメリカの大学経験者としてこれに加わったが、その時いま述べた議論や理屈といった、ことばによる構築物に対する、日本人と西欧人の受け止め方の違いについて深く反省させられる発言があった。

経済学者でイタリア留学の経験を持ち、その後も再三研究者として、或いは日本経済の紹介者としてイタリアを訪れる機会の多い松浦保《たもつ》助教授が、イタリアの学生の学問や真理探求に対する態度について次のように述べている。

もう一つ、私が感じましたのは、学生のものの考え方なんですけれども、弁論の技術を覚えているんじゃないかという感じです。

自分の考え方でいかに相手を説得させるか、これが大学で学ぶべき基本的な研究とか学習の態度であって、日本の学生のように自分の考えをもたないで、たとえ考えをもっても発言する技術を覚えない。こんな学生はイタリアでは学生じゃないんです。
　私は学問を真理の探求という意味で日本で学んできたのです。ところがイタリア人は真理などそっちのけで、むしろ自分の考え方をいかに説得し、社会の地位を獲得するかをむしろ学んでいるようですね。真理の崇高性というものをヨーロッパから日本人が学び取って、大学の精神のようにわれわれは考えてきたのですけれども、私は向こうで教えて見て、いかに先生をやっつけるかということとか、先生はやっつけられまいとしていかに防禦するかとか、こういうことばかりやっているような気がしました。

（『塾』第十巻第六号、慶應義塾、昭和四十七年十二月）

　この松浦氏の発言をきいている内に、私はかつて私の同僚で現在西ドイツのチュビンゲン大学の言語学の教授をしている江沢建之助氏が、以前、学会に出席のため一時帰国した際に、私に語ったドイツ人の言語観を思い出したのである。
　江沢氏によると、ドイツ人は言葉の論理的な構成を何よりも重視しているらしく、時には議論が事実と合うか合わないかの問題よりも、議論がそれ自体として矛盾なく、いかに緻密に構成されているかの方に気を使う。事実とは、生《なま》の未だ整理されていない、思考の素材にすぎないもので、これをある特定の角度から論理的に選び取り組立てていって、はじめてそこに価値が生まれる。したがって所謂事実よりも、むしろ論理的に構成された理論の方が、一段と高い真実だと考えているらしいという趣旨だったと記憶する。

日本語は滅びないという意識

日本人がことばというものを、どのように考えているかの点で、もう一つ際立った特徴があることを指摘したい。それは自然的言語観とでも呼ぶべきものである。

日本の島国性のところで述べたように、日本人は異民族の侵略により自分たちの言語を奪われるという憂き目にあったことがない幸福な民族である。しかも国内に日本語と対比させられる異言語が全くと言ってよいほどない。外国文化との接触は生きた人間を抜きにした間接受容である。

そこで例えば古代中国語を学ぶ場合でも、発音、語順を日本語化し、テニヲハを補うという形で、外国語である対象を日本語に見立てることに成功している。いわゆる漢文のこの扱いに示された手法は、外国語を処理する方法としては世界に類を見ない興味深いものなのであるが、これも中国人との直接交渉が問題にならないために可能だったのである。

以上のような理由から、日本人は自分たちの言語を、他の言語と対比させ、それとの拮抗関係という一種の対立状態の中で母国語を見直すことが絶えてなかったのである。**自分たちが、しっかりと摑んでいなければ、持って行かれてしまうという緊張感を母国語に対して全く感じていないと言える。**

さきに引用したグロータース神父の著書『わたしは日本人になりたい』の第五章の題は、ベルギー人の〝言語戦争〟となっている。それを読めば、この小さな国の中で、フランス語を使う人々と、オランダ語を話す人々との間で百年も前から、学校、軍隊、法廷、一般行政の場で使う言語について、いかにはげしい闘争が繰返されているかがよく分る。グロータース氏の父君はオランダ語を話す人であったので、学校も当然オランダ語地域内の学校へ通われたのであるが、学校の休み時間にもフランス語を話せと言われ、自分の言語であるオランダ語を口にしたものには、懲罰と罰金が科せられ、授業もすべてフランス語で行われる状態だったと言う。これは二十世紀初頭の頃であるが、現在でもこの二言語の争いは一向に下火にならず、エイスケンス内閣総辞職にまで発展したことは、既に述べた通りである。

ところが日本人にとって日本語の国語としての存在は自明のことなのだ。空気の存在を私たちが日常生活では意識しないのと同様、日本人は日本語の存在を意識する必要がないのである。だが他の国の言語は、ベルギーに見られるように、多かれ少かれ存続の危機に何度もさらされて来ている。英語ですらノルマン・フランスの征服下で辛うじて生きのび、見るかげもなく変貌した歴史を持っているのである。

ソビエト連邦内の民族語は政策の変るたびに圧迫されたり、保護を受けたりしている。文字を二度、三度と変えられた言語もある。

フランスの作家ドーデは、アルザス地方のフランス語が、同地域がプロシアに占領されたため使用禁止になった悲しい事件のことを、『月曜物語』の中の「最後の授業」という悲愴な短編の中で美しく描いている。ある朝小学校に遅刻して行くと、受持の先生はいつものように大声で怒鳴るどころか、やさしく早く席につけと言う。どうも教室の様子がいつもと変っておかしいと思ううちに、やがて正装に身を固めた先生が、今日限りでフランス語の授業はおしまいだ。私も学校を去らなければならないと話し出す。このような調子で始まるドーデの短編は、母国語を奪われそうになる人々の悲しみと、死んでもそれを奪われまいと決意する、自分たちの言語への愛着を見事に描き出しているのである。

日本以外の国では、人間とことば、殊に母国語とのかかわり方は極めてダイナミックな緊張関係なのである。放すまいとする努力を一瞬たりとも止めれば、自分の言葉は持って行かれてしまうのだ。このような民族と言語の関係に比べると、日本人と日本語の関係は何んとのんびりとした無風状態であろうか。自分たちが守らねば、自分たちが育てなければ日本語は滅ぼされるぞという意識がないどころか、日本語は不便で難かしい、国際性がなくおくれているなどと言い立てて、挙句のはてには、もっと便利で合理的な言語があれば取り換えた方が良いなどと、文部大臣や大作家までが言い出す始末なのである（章末注）。

民族と文化、宗教と言語が複雑に交錯している弱肉強食のユーラシア大陸では、人々は言葉こそ力であり、言葉が国家よりも何よりも大事だということを知っているのである。

日本では、日本という国が先ず絶対安泰なものとして、そこに存在し、生活の方便、道具としての言語がそこにあると考えられている。だから他に良いものがあれば換えようという発想が出て来るのだ。このように考えて来ると、日本人は自分たちの意志の力で言語をつなぎ止めているのではなく、ただ自然環境の一部としてこれに接しているに過ぎないということが結論されるのである。

日本人にとって言語とは、たとえて言えば水の性質を持っている。水は方円のうつわに従うと言われるが、うつわが壊れれば四散してしまう。日本語の現在ある姿は、日本という国の自然的環境と、人間的条件の産物なのであって、状況が変化すれば、日本語も直ちにそれに従ってしまうのである。

これに反してユーラシア諸民族の言語は、水銀のようなものである。それ自体が強靭な自己凝縮性を持っていて、環境の変化に対して極めて人為的とも言える自己主張を行うのである。

第四章　章末注

一四四頁　日本はどうして、いつも外国の文明の「上澄みだけ」を取り入れるのかについては、『日本人はなぜ日本を愛せないのか』「第一章　素晴らしいものは、海の向こうからやってくる」のなかで、日本文明特有の「蜃気楼効果」による外国礼賛の心理として詳述しています。簡単に言うと、日本人は外国の劣った部分やおぞましい部分を見ようとせず、美化理想化した非現実的な外国観を抱いているということです。この外国観が生まれたのは、海を隔てていることによります。すなわち都合のよい美しいものは受け入れるが、そうでないものは受け入れなくて済むという「半透膜効果」を、日本の四囲の海が果たしてきたということなのです。

一四四頁　日本には世界のどこにも見られるゼノフォビア（xenophobia）外人排撃症、外人恐怖症がなく、その代り私が名付けたゼノフィジア（xenophysia）外人忌避症があるのも、この人間抜きの外国との長期にわたる接触の結果である。

一四六頁　『日本人はなぜ日本を愛せないのか』「第二章　外国の醜いところが全く見えない⁉」において、世界に類を見ない「バスト型」外国観を日本人が抱いていることを指摘しました。「バスト型」とは美術館などで飾ってある立派な「胸像」のことです。つまり日本人は上半身だけをみてすべてが立派だと思いこんでしまい、外国には「下半身」もあるのだということを見ないできたというわけです。これでは外国の正体が最後までわからないばかりか、外国の優れた部分ばかりを見ているために、自国の文化が劣っていると思えてならない悪影響もあるのです。

二〇二頁　「論より証拠」（事実を重視する）か、「証拠より論」（事実より言葉や主張を優先する）かという観点は、日本文明と西欧文明の本質的差異について理解するための、重要な手がかりを与えてくれると考えます。たとえば“Vous avez raison.”というフランス語は「あなたは正しい」という表現ですが、文字通りの意味は「あなたには理屈がある」ということです。『日本人はなぜ日本を愛せないのか』第四章「外国は、『話せば分かる』か？」のなかで、捕鯨問題やイスラエル問題を素材に考察しています（同書一三九頁）。

二〇六頁　日本語は決して奪われたり滅ぼされたりしないという幻想を、私は「不沈戦艦幻想」と名付けました（『日本人はなぜ日本を愛せないのか』一四六頁）。これはつまり、「日本人は自分たちの国が、世界で最も長い安穏平和な歴史を持っているという事実（ファクト）と、どこの国からも侵略されず滅ぼされそうになったこともないという事実（ファクト）の二つから生まれる、日本という国の永遠不滅性についての絶対感と無限の信頼」からくる「幻想」です。この幻想は、たとえば「論」（つまりフィクション）によって建国を果たしたイスラエルのような国では、全く通じないことは言うまでもないでしょう。ただ、私が危惧するのは、今までは確かに日本は「不沈戦艦」であったが、今後は保障されてはいないということです。あらゆる文明の利器が発達した現在はもはや、四囲の海が穏やかな半透膜効果をもたらしていた幸せな時代ではないのであって、「論より証拠」と鷹揚に構えて、主張（「論」）を等閑にしては危うい時代になっていると考えています。

第五章　日本の外国語教育について

1　目標を見失っている英語教育

私は一九六四年、トルコ語の研究という名目で、カナダのモントリオールにあるマギル大学のイスラム（回教文化）研究所に、一年ばかり研究員として滞在したことがある。

この研究所は、アメリカ、ヨーロッパ諸国、そして日本からも教授や研究者を招いている国際的な回教研究機関で、大学院の学生の大半は、エジプト、シリア、トルコ、インドネシア、パキスタン、ペルシャ（現イラン）といった、いわゆる回教圏からの優秀な留学生で占められている。私は毎日研究室で仕事をする一方、三時のお茶の時間には学生たちとよく議論した。またときには、何人かをアパートに招待し、また一緒にピクニックに出掛けたりして、彼らとのつきあいを楽しんだものである。

そのときに非常に強く感じたことは、これら回教国の留学生が、だれもかれも英語がひどく達者だということであった。達者といっても、彼らがイギリス人やアメリカ人のような本格的な英語を話すという意味では決してない。

二、三の例外はあったが、概してお国訛り丸出しの発音で、なれない内は、聴きとるのに骨が折れるような人も少なくなかった。英語の教師を長くやった私にとっては、文法上の誤りも、ときどき気になる種類の英語なのである。

それにもかかわらず、私が達者な英語と言ったのは、彼らが自分たちの言いたいことを、徹底的に、それも長時間にわたってよどみなく主張し、英米系の学生を相手に、はげしい議論をたたかわすことができるだけの自己表現力と、理解力（聴解力）を持っていたからである。

私などは、日本がどうして近代化に成功したのかといった大問題の議論になると、しばしば思ったことがうまく表現できず立往生してしまう。議論が白熱してくると、相手の言っていることと、こちらの主張していることが、同じなのか反対なのか、分らなくなってしまうようなことさえあった。そしてしまいには、面倒くさい、もうどうでもいいやという気分に、ついなってしまう。彼らのように思いきり英語が話せたら、どんなに気持がいいだろうと思ったことも一度や二度ではなかった。

ところがある日のこと、東パキスタン（現在ではバングラデシュになっている）からの学生が、日本の学校では何語を使って教育をしているのかという質問をしてきた。もちろん日本語にきまっていると答えると、それはいつからのことかと言うのである。これは私がそれまで考えてもみなかったことなので、ちょっとめんくらってしまった。

私はそこで明治の前半に、いわゆる御雇い外人教師が大学にいたころは、たしかに外国語が一部の授業に使われたと思うが、少なくとも現在では、外国文学研究などのごく限られた課目に外人講師がいるだけだし、大学以下の学校ともなれば、いまだかつて日本語以外の言語で、教育が行われたことはないと思うといった、曖昧な返事しかできなかった。

ところが、きいてみるとこれら回教国からの留学生のほとんどは、自分の国を出る前に、すでに英語で高等教育を受けてきている。いや英語でしか高等教育を受けられない国内事情になっているのだ。それどころか、この研究所で知り合ったあるパキスタンの学生の英語が、非常にきれいな英国式の発音なので、どこで習ったのかと尋ねたところ、自分の家では、子供の頃から英語が家庭内の言語であり、親兄弟にはイギリスで教育を受けたものが何人もいるとのことであった。英語が達者なのも道理である。

その時まで私は日本の留学生や研究者が、外国に行って、言葉の問題でどれほど苦しんでいるか、殊に社会、人文科学系の留学生の苦しみの大半は、言語の障壁をどう乗り越えるかの点にかかっているということを、以前ミシガン大学に大学院生として学んだ頃から、既にいやというほど見聞きしていたので、このパキスタン人の学生が私に向けた、「日本では何語で教育をしているのか」という質問がきっかけとなって、私は改めて日本における外国語教育のあり方、更には日本人と外国語の関係などについて真剣に考えるようになったのである。

白状するがこのときまで、私は日本人が語学力不足の故に、学問の世界は言うまでもなく、国際会議や外交などの舞台でさえ、しばしば遅れをとるという問題を、一刻も早く克服すべき現代日本の弱点としてのみ捉えていた。またその原因が日本の語学教育の欠陥にあると思っていたのだ。

しかし中近東、アフリカ、そして東南アジアの多くの国の知識階級が、英語あるいはフランス語を驚くほど上手に使うという事実が、実はこれらの人々がかつての侵略者、旧宗主国の言語でしか、充分な高等教育を受ける機会を持たず、また複雑な国内の言語事情のために、それ以外に自己を公に主張する手段を持たないことをも反面意味するのだと知って、私たち日本人の語学下手の問題は、現代の日本が世界で占める経済的な地位、外国との知的交流の特異なパタン、更には国内の教育制度といった、複雑な事情との関連で、改めて見直してみる必要があることを悟ったのである（その他にも日本人の対人関係の把握にみられる心理的な特殊構造も関係していることは勿論であるが、この点については前章ですでに詳しくふれたので、再びこれに立入ることはしない）。

私は以下において、日本人の定評ある語学下手が、単なる外国語教育の技術の拙劣さ以外の各種の問題と深くかかわっているという観点から、日本人と外国語のきわめて特殊な関係を主として英語について考えて行くことにしたい。

日本人の外国語下手は当然のこと

考えてみると、現在日本の知識人がなんらかの形で、外国語を使って直接に国際的な交渉を行う場合、ほとんどの人はそれまで既に大学教育を、日本国内において完了している。そしてこのことは、現代の日本では、すべての学問技術を、一応曲りなりにも国内で、しかも日本語で習得できる教育体制が出来上っているということを意味する。またこのことを外国語使用の見地から言えば、高度の知的レベルまで、母国語で一応の完成を見た人間が、改めて自分の知識を外国語で表現し、磨きをかけるということなのである。

もちろん日本国内でやりにくい学問分野もあるし、大学院以上のレベルになれば、外国に出て行く必要のある専門もまだ少なくない。

しかし、基礎的な段階から、外国に行かなければ学習できないというような学問はまずないと言ってよいのではないか。現在の日本には、数学をやるにしても、化学を学ぶにしても、ピタゴラスの定理やボイル・シャルルの法則を、外国語で始めから習うという情況は存在しない。それだからこそ、一般的な話題では、結構流暢に英語やフランス語が使える日本人でも、三角形の合同や、塩素酸カリに二酸化マンガンを加えて加熱すると酸素ができるなどという簡単な話を、英語でしてみろと言われて、事柄が分っているにもかかわらず、言葉が出てこないというようなことになるのだ。

生活全般は言うまでもなく、学問教育の場でさえも日本語だけを使ってきた平均的な日本の知識人が、国際的な場面に出て思う存分外国語が使えないということは、ある意味で当然すぎることなのである。

フィリッピンのように、二百有余の大学を持ちながら、いまだに民族語であるタガログ語のみで授業の行える大学が一つもなく、英語で教育を受けなければならない国のことなどを考えると、今日の日本人の外国語下手は、このような日本の恵まれた国内事情の皮肉な反映という面もあることを見逃すことはできない。要するに日本の国力が、国内的にも国際的にも向上したために、外国語が以前ほどは必要でなくなっているということをまず認識する必要がある。

大変興味あることだが、このように一つの国の地位と、外国語習得力との間に密接な関係があることを、今から七十年近くも前に夏目漱石がいちはやくつぎのように指摘している。

一般に學生の語學の力が減じたと云ふことは、餘程《よほど》久しい前から聞いて居るが、私も亦實際《またじっさい》教へて見て爾《そ》う感じた事がある。果して爾うだとすれば、それは何う云ふ原因から起つたか。その原因を調べなければ學習の方針も教授の方針も立つものでないが、專門的にそれを調べるには、その道の人が幾何《いくばく》もある。私は別に纏《まと》まつた考がある譯《わけ》ではないが、氣附《きづ》いた事だけを極《ご》くざつと話して、一般の教育者と學生の參考《さんこう》にしようと思ふ。——私の思ふ所に由ると、英語の力の衰へた一原因は、日本の教育が正當な順序で發達した結果で、一方から云ふと當然《とうぜん》の事である。何故かと云ふに、吾々の學問をした時代は、總《すべ》ての普通學は皆英語で遣《や》らせられ、地理、歴史、數學《すうがく》、動植物、その他如何なる學科も皆外國語の教科書で學んだが、吾々より少し以前の人に成ると、答案まで英語で書いたものが多い。吾々の時代に成つても、日本人の教師が英語で數學を教へた例がある。伝《かか》る時代には伊達に——金時計をぶら下げたり、洋服を着たり、髯《ひげ》を生したりするやうに——英語を使うて、日本語を用ゐる場合にも、英語を用ゐると云ふのが一種の流行でもあつたが、同時に日本の教育を日本語でやる丈の餘裕《よゆう》と設備とが整はなかつたからでも有る。従つて、單《たん》に英語を何時間教はると云ふよりも、英語で總ての學問を習ふと云つた方が事實《じじつ》に近い位であつた。卽ち英語の時間以外に、大きな意味に於ての英語の時間が非常に澤山あつたから、讀み、書き、話す力が、比較的に自然と出來ねばならぬ譯である。

處《ところ》が「日本」と云ふ頭を持つて、獨立した國家といふ點《てん》から考へると、かゝる教育は一種の屈辱で、恰度《ちょうど》、英國の屬國《ぞっこく》印度と云つたやうな感じが起る。日本の nationality は誰が見ても大切である。英語の知識位と交換の出來る筈のものではない。從つて國家生存の基礎が堅固になるに伴れて、以上の様な教育は自然勢を失ふべきが至當《しとう》で、又事實として漸々《ぜんぜん》其の地歩を奪はれたのである。實際あらゆる學問を英語の教科書でやるのは、日本では學問をした人がないから已むを得ないと云ふ事に歸着する。學問は普遍的なものだから、日本に學者さへあれば、必ずしも外國製の書物を用ゐないでも、日本人の頭と日本の言語で教へられぬと云ふ筈はない。又學問普及といふ點から考へると、(或る局部は英語で教授しても可いが) 矢張《やは》り生れてから使ひ慣れてゐる日本語を用ゐるに越した事はない。たとひ翻譯《ほんやく》でも西洋語その儘《まま》よりは可《い》いに極《きま》つてゐる。

これは漱石が明治四十四年一月に『学生』という雑誌にのせた「語学養成法」の始めの部分である。だが早くもこのように語学の力の衰えた原因を考えなくてはならなくなっていた、明治末期の日本の大学教育ですら、昭和四十年代後半のわが国の高等教育における語学の現状から見れば、いまだに外国語を習得することが、学問をすることと同義であるとも言える現在の発展途上国の社会情勢を、髣髴《ほうふつ》とさせるものがあると言えよう。

このように明治初年において、いかに日本の国全体の知的ないとなみが、外国語に依存せざるをえなかったかを示す、もう一つの話をつぎに紹介しよう。

明治日本にとっての外国語とは

東京大学教授の三ヶ月章氏が「法と言語の関係についての一考察」という言語社会学的に見て非常に興味ある論文を書かれておられる。その中に、わが国が幕末に諸外国から押しつけられてしまった不平等条約の撤廃をめぐって、明治政府がいかに総力をあげて、西洋法の日本への移植という、文化史的な大実験に取組んだかについての記述がある。

さて、形の上で、西洋諸国と同じ法治国的外形を整えるのが緊急の課題だということになると、一番手取り早く且つ見映がするのは、外国の法律（法典）を翻訳して、日本語に移し、それを日本の法律として公布するということである。明治初年のエピソードとして、江藤新平が「誤訳も亦《また》妨げず唯速訳せよ」といってフランスの諸法典の翻訳をいそがせたということが伝えられている。しかし、それぞれの国民国家の法典はそれぞれの国民の歴史的伝統と絡み合っている面もあるので、既成の外国法典の翻訳にばかり頼っていても間に合わぬことが早くも見通されるようになる。そこでやがてフランスなどからお雇い外国人を聘《へい》して、日本向きの法律案の作成を依頼するという方向が強く打ち出されるのであり、その代表的存在が、ボアソナードという、パリ大学教授であった大物であった。政府はこうした大学者に依頼して、フランス語で、刑法やら刑事訴訟法……中略……の法典を作ってもらって、それを翻訳して施行したり、また民法典をこしらえて貰って、それを日本語に移し施行寸前まで行ったりもしたのである。

他方、商法や民事訴訟法の領域では、同じような手法でドイツ人にドイツ語でその草案を作って貰い、それを片っぱしから翻訳して法典を作るということも併行して行なわれていたのである。

（『日英のことばと文化』二六八―二六九ページ、三省堂、一九七二）

この三ヶ月教授の論文を読んでいると、分厚い外国語の辞典――それも現在のような整備された仏和や独和はまだ有るはずがない――をかたわらに、さまざまな疑問や難解な字句と苦闘しながら、誤訳を恐れず、ただただ時間との競争で速訳に明け暮れた当時の官吏、学者の姿が目に浮んでくる。

また三ヶ月氏は同論文の脚注の一つで、「こうしてドイツ人に作ってもらったドイツ語の民事訴訟法の草案を『当時条約改正ノ準備ニ急ナル為毎章成ル毎《ごと》ニ之ヲ日本語ニ訳シ』（中略）これを叩き台として現行の民事訴訟法の骨組が出来上って行ったのであるが、面白いのは、こうしてドイツ人に作って貰ったドイツ語草案の表紙には、Entwurf einer Zivilprozessordnung für Japan（Übersetzung）（日本民事訴訟法草案翻訳）という標題が付せられていることである。これが『原本』であったなどとはとても告白できず、日本語の原本は別にあり、それをドイツ語に翻訳したものがこれであるという形をとっているわけで、精一杯の背のびをした当時の日本人の姿が、はしなくもそこに現われていると私には感じられる。」と述べておられる（同書二六九ページ脚注）。

このように見てくると、明治における外国語とは、いずれ役に立つかも知れぬ教養でもなく、また、それ自体が研究の対象となる一専門分野でもなく、それなくしては日本が近代国家として列強に伍して行かれぬ絶対の手段であり、またそれ以外に新知識を吸収することができぬ、唯一無二の高等教育の前提であったのだということが、非常な生々しさをもって理解されてくる。

私がさきに、現代の日本における外国語教育の能率の悪さ、日本人の語学下手を、マイナスの現象としてのみ見ることは、必ずしも問題を正しく把握することにはならないと書いたのも、実は日本の社会が以前ほどには、外国語にたよらずに済むようになったのだという、国内情勢の変化が有力な原因となっていることは否定できない事実だからである。

もっとも外国語を現代の日本が必要としなくなったという表現は、不必要な誤解をまねく虞れがある。むしろ必要の性質が大きく変化したと言うべきであろう。この点を理解するためには、現在日本の教育の中で、外国語、ことに英語がどのようなものとして扱われ、教えられているかを簡単に知る必要がある。

英語教育のお粗末な結果

そこでまず現在（一九七四年）のわが国における全般的な高等教育の実態に目を移してみよう。さきに発表された文部省の統計によると、一九七三年において日本全国の短大、大学を含めた高等教育機関の数は遂に九百を越え、いわゆる大学生の総数は百九十万人に迫るというすさまじさである。

わずか三年前の一九七〇年でさえ、同年齢層の男女の五分の一もが高等教育を受けていたのに、あっと言うまに三分の一、つまり青年男女の三人に一人が大学に進むという恐るべき事態になってしまった。

そして毎年、これらの教育機関を卒業する数十万の若人は、中学、高校で、それぞれ三年そして大学で二年と、八年もの長い期間に、のべ時間数にして千時間から千百時間の英語教育を受けて行く。もし大学で英語英文学を専攻する場合には、さらに数百時間も余計に英語に接することになるのである。

ところが、これほど日本の教育の中で大きな位置を占めている英語教育の成果が、不思議なことにどうも思わしくないという点では、立場の相違、問題点の把握の違いはあっても、ほとんどの人々の意見が一致しているようである。一口に言えば、これらの人々の英語が使いものにならないのだ。

使いものにならないとは、大学を出ても英語の手紙一本満足に書けないとか、英字新聞もろくに読めるようにならないなどという末梢的な実用性のことだけではない。これほど学校が英語に力を入れているのに、英語が身について大学を出る人があまりに少なすぎるということなのである。なにしろ英語を十年近くもやったのならば、人それぞれの好みや必要に応じて、いちおう英語を使って何かやれる人が、もっと出てきてもよい筈だ。

たとえばピアノを十年近くも習って、ジャズでもいい、ショパンでも、モーツァルトでもいい、とにかく何かしらの曲が弾けるようにならない人がいるだろうか。お茶にしてもお花にしても十年もやれば、少しは恰好がつくのが普通ではないだろうか。それなのに何故英語は身につかないのだろうか。

元来口べたの人ならば、英語で上手に話せなくとも当然である。しかしその代り、その人は英語で何か自分の思うことを、まとまった形で書けるだろうか。ものを書くのは日本語であっても御免だという人もいよう。そんな人に英語で何か書けと要求するのは無理かもしれない。それならば、この人はラジオ・ドラマを英語できいて分るだろうか。ラジオは下らないから聞かないというのなら、それでもかまわない。それでは英語の小説や雑誌を、実用になる程度に読み飛ばせるだろうか。

このようなものの内、せめてどれか一つでも楽にできて、その人がそこから楽しみ、よろこび、あるいは利益を得られるようになっていることを、私は英語が身についたと称するのである。数十万の単位で毎年日本の大学を出て行く人々のいったい何パーセントが、このどれか一つにでも当てはまるだろうか。答はきわめて悲観的なものであろう。

このような現実を、教育的な立場から、あるいは経済的損失の見地から、黙視することができないと考える人々が、そこで大学における語学教育の改善を叫び、各種の提案がなされ、研究団体が次々と結成されるのも、私としては充分理解できるところである。

ただ私の心配することは、教授法を近代的に改めたり、ラボと称する電子工学の粋を集めた視聴覚教室を作ったり、会話や実用英語の時間をふやしたりすることで、はたして日本の学生の英語力が、従来と比べて飛躍的に上昇するだろうかという点である。私にはどうも事態はあまり楽観を許さないように思えてならない。

何故かと言えば、すでに述べたように今ではもはや英語の能力は、大多数の学生個人の知識欲の充足や、社会における成功に直接つながらなくなっていることを、学生自身が半ば直観的に知っているからである。

もちろん現在の社会でも、外国語が本当に身についていれば、非常な利益があることは疑いない。社会の第一線、ことに外国と直接に接触のある分野では、以前にも増して高度な外国語の能力が必要とされている。

しかし私の言いたいことは、いま述べたように三人に一人の割合で高等教育を受ける何百万かの若者たちの大部分にとって、もはや外国語が出来るか出来ないかは、彼らの知的向上や立身出世のすべてを決定する、重大な資格とはなりえないということである。

たしかに今でも大学に入学できる条件の重要なものに英語がある。しかし入学試験の際に問われる英語力とは、英語それも受験英語という妙なものをやってきましたという実績の証明、認定をするためであって、本当に英語が身についていて、役に立つかどうかを判定するわけではないのである。

高等教育機関において、語学学習の設備、環境をどんなによくしても、また教える先生が張りきって最新の教授法を適用しても、肝心の学生の大部分が、直観的本能的に、外国語など苦労してやる価値がないことを知っていれば能率が上るわけがない。

いったい、日本の学校で八年もかけて何百万人の若者に英語を教える目的は何かを、改めて問い直す必要がある。そのためにはまず、**この問題がもはや語学教育の技術的な枠の中だけで解決できるものではないことを、はっきりと認識しなければならない。**

このように考えてくると誰の目にも明らかな解決策の第一は、英語学習者の数を大幅にへらすことである。これは特に大学教育のレベルで必要と思われる（私はあとで述べるような理由で、中学・高校で、もし外国語を特定の目的なしに学習したい希望があれば、その場合は英語を選ぶ方が何かと便利だと考えている）。

だれかれの見さかいもなく、英語の学習を強制することは、綜合ビタミン剤を、健康人、病人の区別なく、絶えず飲ませるようなもので、無駄もはなはだしい。私は英語に限らず外国語を学ぶものの数は思い切って、減らすべきだと思う。そしてこの今よりはるかに数の少ない人間に、現在とは比較にならないほど、密度の高い徹底した外国語教育を受けさせる必要がある。学習の対象となる言語の種類も、今までのような英独仏中心主義を改めて、ロシア語、中国語、スペイン語はもとより、アジア各国、中東・アフリカ諸国の言語の教育が一般の大学で受けられるようにすべきだと思う。この点で各大学がそれぞれの特色を生かすことが望ましい。

戦前の、欧米研究と官吏養成を主目的とした、少数のエリート中心の大学から、大衆教育のための、開かれた世界を相手の教養大学に移行したときに、この点に充分留意しなかったのが、日本の外国語教育制度の一大失敗であった。

しかしこのように、今まで英語教育に広く浅く注がれていた教育投資を、英語以外の諸言語にふり当てることで、残った英語教育はそれで万事めでたしになるのかと言えば、問題はこれからなのである。学習者の数をへらすことは、いわば地ならしの段階なので、そこにどのような建物を建てるかが実は問題なのだ。

私がそこで行う第二の提案は、大学の一般の英語教育——英文学科の英語英文学研究ではない——を英文学者、英語学者の手から切り離せというものである。

現在の大学教育体制の中で語学は、主として教養的な学問として文科系の教員の手にゆだねられている。しかし私の見るところでは外国語教育、殊に英語の問題は英語学の専門家や英文学者の手に負えないところまで来てしまっている。それなのに日本の英語教育が、依然としてこれらの人々の責任だと思われているところに大きな問題があるのである。

2　英語はもはや「英語」ではない

前節において私は現代の日本の社会および経済の進展、そして教育環境の質量ともどもの変貌が、日本の国家全体にとっての、従来からの英語の必要性を著しく減少させたこと、およびこれに対して未だ適切な対応策が教育の場においてとられていないことを指摘した。

しかし日本の英語教育に現在見られる混乱の、もう一つの大きな原因は、学習の対象である英語という言語それ自体が、非常に変化した点にあることも見逃すことはできない。

明治、大正時代の正統の英語は、なんと言ってもイギリス（そしてアメリカ）という特定の国の国語であった。この時代に日本人が英語を学ぶということは、とりもなおさずこれらの国の優れた文化文明を摂取し、進んだ技術を日本に取入れることを意味した。ところが英語は徐々に、そして第二次世界大戦後は急速にこれら特定の国々の国語としての狭い枠をつき破って、事実上世界の共通語の性格を帯びるようになった（注、『日本人はなぜ英語ができないか』鈴木孝夫、岩波新書、一九九九）。

さきに私は日本の社会は外国語、特に英語を以前ほどは必要としなくなったと述べたが、その英語とは、イギリスの国語、アメリカの言葉を唯一正統なものとする「英語」を指すのであって、国際語としての英語を考えているのではないのである。

このことを少し違った角度から言うと、まず英語という一つの言語があって、それがそのまま世界語としていろいろな国で、さまざまな場面において用いられているのだと思うのは間違いであって、世界語としての英語と、特定の国の国語としての英語は、もはや別のものと考えるべきだと言うのである。

この問題についての考えを、私が初めて発表したのは、一九七一年一月に雑誌『英語教育』（第19巻第10号）に載せた「English から Englic へ」という論文においてである。

その中で私は次のようなことを言っている。

最近一年間に、私はある言語学的な問題をめぐる資料収集の目的で、英語で書かれている約百冊の小説をノートをとりながら読み直した。そのあとでふっと感じたことは、アメリカ系の作家の書いたものは、英語がやさしいということである。イギリスの作家のものには、時々用語そのものは決してむずかしくなく、ごく平易な単語が並んでいるのに、要するに何を言っているかがピタリとしない個所が出て来る。もちろん私の語学力が十分でないことが主要な原因ではあるが、それにしてもアメリカの作家のものは、思想内容や文学的価値という点は別として、書いてあることの、文字通りの意味がよく分らないというようなことが非常に少ないのである。これに比べて、たとえば Graham Greene の *England Made Me* や Evelyn Waugh の *Black Mischief*, E. M. Forster の *A Passage to India* などでは、私は、しばしば立往生した。おもしろいことに、同様の経験を、小説ではなく学術論文を読む場合にも味わっている。

私は仕事の必要から、アメリカの人類学、民族学、言語学雑誌をよく読むが、内容がむずかしいやさしいは別として、英語そのものが分らないということは、まずほとんどない。ところが英国のものでは、説明の、いわゆる地の文の中に、何かしっくり理解出来ない個所が時々出て来るのである。

限られた紙面で十分説得的な議論を展開することができないのが残念だが、以上のことについて私はこう考えている。イギリス人の英語が私にむずかしいのは、彼等に特有の思考的な枠組(frame of reference)が私にまだ良く分っていないからである。そして過去に偉大な文明を背負った言語は、実はすべてこの種の難解さを持っているのだ。

ギリシャ語やラテン語の古典が私たちにむずかしいのもまったく同じ理由である。これらは部外者にとっていわば閉された一つの精神的世界を形成しているのだ。これに比べるとアメリカの英語は開かれている。イギリスのものに比べれば、はるかに普遍的な思考構造に裏付けられている。これは、アメリカという国家、文明の成立様式と無関係ではないだろう。英国の英語は、一言にして言えば provincial なのだ。regional と言ってもよいかも知れない。

イギリス英語は国際標準ではない

私がここで provincial と言い regional と言うのは、どちらも田舎的、地方的ということである。そして私のこの見解は英語を専門にする英語学者が普通に言うところと正反対なのである。英語は英国が本家で、それが海外領土に順次広まったとする、言語の歴史的な発展の立場からは、たしかにイギリスの英語が基準的なもので、アメリカその他の英語は、いわゆる方言的なものという考えが出てくるのは当然だ。

しかし私は、現在、アメリカ、カナダ、オーストラリア、ニュージーランド、南アフリカ、のような国の国語としての英語、さらにはインドのようになんらかの意味で英語を公用語としている三十余の国々の英語を逆に基準として、英本国の英語を眺めているのである。

それどころか国内の一般的な社会生活の場でこそ英語を使わないが、仕事や学問上では英語を外国語として使用している、膨大な数の外国人の立場を基準にして英国の英語を見ようとしているのだ。このような逆転した見方からすると、まさにイギリスの英語は地方的田舎的だと言わざるを得ない。英国のそれは、発想にしても、独特の慣用句の点からも、イギリスという特定の国の文化と表裏一体をなしているのだから。

ところがいま日本の社会の指導的立場にある人々が、肌で英語の必要を感じ、その習得を力説する時、この人々の考えている英語とは、実は特定の文化・文明、ことに英国のそれと不可分に結びついたいわゆる英語ではないのである。第一現在の日本は、もはや国をあげてイギリス一国だけを集中的に研究する必要はなくなっている。私たちが相手とし、研究しなければならないのは、今や全世界であり、そのときに利用度の高い言語が「国際補助語としての英語」なのである。

そうかと言って、この英語はアメリカの英語そのままでもない。ただこれの方が雑種的であるために、まだどちらかと言えば、目ざす対象に近いと言うことはできよう。私はこの、英語国民に特有の思考の枠組、文化（そして独特なイディオムと発音）からできる限り解放された英語を、イングリック Englic と呼んで、英国の英語、アメリカの英語を基本として考えるイングリッシュ English と区別すべきだと主張したのである。

この区別が理解されていないために、今日、英語の必要性は高まるといえども衰えることはないと言って、日本の大学に毎年英文科が増設される。大学卒の英語の力が不足であると言って英語の授業をふやす。ところが一向に期待したような効果が上らないため、こんな筈ではなかったという反省が社会の指導層から持ち上ってくる。そこで前節で述べたように、教授法が悪いのではないか、教育施設が不備なのではと、各種各様の改良案、改善策が出される。あげくのはては、もっと実用英語をやってはどうかというようなことになって、文学偏重主義対実用英語礼讃の不毛な語学論争が繰り返されているのである。

English と Englic とは、たしかに歴史的、発生的には密接な関係があるが、今では別のものと考えてよいほど、語学的にも機能的にも別のものとなっている。私たち日本人の大多数（つまり少数であるべき専門の英語学、英文学徒を除いて）が習得しようとしている言語を、英語と呼ぶから、英語だと思うから、イギリスではそうは発音しない、アメリカではそうは言わないというような、微に入り細を穿《うが》った小うるさい無味乾燥な規則を覚えることが、英語に上達する唯一の方法だと思われてくる。そしていつまでも不完全感に悩まされることにもなる。

だが今日私たちが国際的な場面で、実際に出会う英語は想像を絶するほど多様な性格を持っている。具体的な例を一つあげてみよう。

私は昨年（一九七三年）東京大学言語学科主任の柴田武教授とある雑誌上で、異文化間のコミュニケーションをめぐって、対談を行なった。そこでオーストラリアの英語が、多くの日本人が想像している以上にイギリスの英語やアメリカのそれと違っているという点に関して、次のようなやりとりが交されたのである。

柴田　私がびっくりしたのは、オーストラリアでは、アメリカで出版された本を翻訳するという仕事が商売になっているんです。商売というか、そういう翻訳をしなければならないという必然性があるわけです。私の教えた学生が、それを日本へ来るまで仕事にしていたというんです。それはコンピューター関係の本だそうです。

鈴木　ということは非常に専門的で、大学とか日常生活のオーストラリア性とあんまり密着していないんですね。

柴田　そうですよ、むずかしい文化の背景はないわけです。数式みたいな本といってもいいようなものです。それでも訳さなきゃいけない。どうして訳さなきゃいけないかといったら、いちばん大きな問題はアメリカ英語の場合は名詞をいくつもベタベタと並べて新しい複合語をつくるけれども、オーストラリア人にとってはそれが非常にあいまいなんだそうです。そういうコンピューター関係の本を読む人は、専門家ではあっても、比較的職人的なレベルの人かもしれませんから、急いで読みたい、しかもまちがいなく読みたいということでそういう仕事があったらしいですね。それにしても、むだなことをするんだなと思っていたんですけれども……実際に、また、これは、日本の歴史を研究しているオーストラリア人ですが、その人が江戸時代の日本の歴史を研究して、まとめた本をアメリカから出版することになったんです。それでアメリカからゲラが来るとさかんに自分の英語が直してあると言うんです。自分は英語を母国語とするわけです。しかも内容はそういう非常に専門的な、日本の江戸時代の藩に関する研究で、それを英語で書いたものがまちがっているといってアメリカで英語が直されてくると。しかし自分にとっては正しいので、また直す。するとまた直されるということを何度もしているうちに、ついに根負けしてアメリカのほうに頭を下げた。どういうところですかというと、どこといえないほど、こまかいいろんなところを直される。そのかたは現在、ある大学の助教授であって、オーストラリアの最高インテリのひとりなんです。ですからこのようなことから、英語でも、イギリスとアメリカ、オーストラリア、カナダ……というのはちがった英語の行なわれているところと見たほうが私は安全じゃないかと思うんです。

（『時事英語研究』研究社、一九七三年七月号）

この柴田教授の報告は、オーストラリア英語のもつ、イギリスやアメリカの英語と相違する特質を詳しく論述した専門書のどれよりも、いかに同じ英語国民同士が相互理解に困難を感じているかを伝えて面白いものである。

英語で生れ育った人々が使う英語にさえ、このような相違が見られるのであるから、英語を使う人々が本来の英語国民でない場合など、これが英語かと一瞬耳を疑うようなものすら稀でない。thを〔θ〕でなく〔t〕と発音する人などいくらでもいる。ところが、それで国際補助語としては立派に通用しているのだ。フィリッピン、インドネシア、そしてバングラデシュ、インドの人々などお国訛りが歴然とした発音、抑揚、調子で、堂々と少しもわるびれず言いたい放題のことを言う。アラブ諸国の人々また然りである。

日本人が、これらの国の人々と話をしたいと思うとき、現状では残念ながら日本語を通じさせることはできない。そうかと言って、私たちはタガログ語も、ヒンディ語も使えない。その時、お互いに国際補助語としての英語（つまりイングリック）を使えば、意思が疎通し、用が足りる。その場合の英語が、イギリス固有の発想と、独特のイディオム、発音をもったものである必要はないしアメリカのそれである必要もない。それどころか、むしろそうでないことが望ましいとさえ言えるのである。

その理由は二つ考えられる。第一に、英国人でないもの同士が、英国的なものを仲介としなければ、相互に理解し得ないと考えるのは馬鹿げている。日本人が必死に英国的な発想に支えられた「純粋な英語」を身につけようと、発音にしても慣用的表現にしてもできる限り習熟したとしよう。同じことを他方フィリッピンの人も目標として努力する。そのあげく、両者がこのイギリス的な言語の枠組の中でやっと相互に意思が通ずるというのは奇妙で無駄なことではないか。

これをたとえて言えば京都の人が、金沢に住む人と会って話をしたいと思うとき、一方が新幹線でわざわざ上京し、他方は北陸・信越線経由ではるばる東京に来て、そこではじめて用事が足りると考えるようなものだ。それよりも汽車は多少不便かもしれぬし、ローカルで汚いかもしれぬが、京都から直接金沢に来る近道があるはずである。この京都と金沢を直接結びつける道、これが日本人とたとえばフィリッピン人が、英国的なものアメリカ的なものを抜きにして、直接交流するイングリックなのだと考えればよいだろう。

第二の理由としては、このことが経済性だけでは測れぬ精神文化的な重要性を持っていることである。日本人が上手にイギリス的な英語（あるいはアメリカ的な英語）を話すようになるためには、結果的に言って、自分の日本的な独自性をあちこち切り捨てて修整し、自分を無理にイギリス的な枠に押込まなければならないことを意味する。しかもそれがたとえうまく行っても、結局は借物の域を出ない。正しいか間違っているかを決める価値の基準はあくまで先様が持っているのだから。つまり他人の土俵で相撲をとる羽目になり、こちらの思うこと、考えることを思い切って大胆にぶちまけることができない。他方英国人にとっては、これほどうまい話はない。よその国の人が、時間と金を使って、一生懸命に自分の国の言語を勉強し、間違いを犯しはしないかとオドオドしながら使ってくれるのだから。もっとしっかりやれと懐ろ手をして見ていれば良いことになる。

私たちにとって、イングリックを使うということは、それでも日本語を使うよりははるかに努力がいる。しかし私たちが英語でなく、イングリックを使うことで、英語国民も自分の土俵から出ることを余儀なくされる点に意味がある。彼らにとって、英語らしくない英語を聞かされ、理解しようと努力することは喜ばしいことでも楽なことでもない。だがそれを正しくない、間違っていると言うわけには行かないのである。それは英語ではないのだから。

国際補助語としてのイングリックを英語でないと考えても、それが日本人にとって外国語であることに変りはない。従って日本語ほどは楽に行かないのは当然である。しかし英語国民にとっても、それはある意味で外国語なのだから、不公平は大分是正されるわけだ。

だがイングリックとは本当の英語とは異なるある特定の文法や簡略化された独特の語彙を持ち、明確な性質と限界を持った、例えばBasic English（注、イギリスの言語学者、C・K・オグデンによって考案された単純化された英語のこと）のような作られた一つの人工言語だと考えてはならない。自分にとって、外側の存在である英語を、使うものが借り着だという意識を持たず、それを完全に主体的に自信を持って使用するとき、自ずと、そこに現われてくる**使用者の母国語の影響**と、彼の個性が横溢した、英語にして英語に非ざる言語なのである。

日本人らしい英語を恥じるな

自然言語の本質的宿命は、その言語を生み育てた人々の文化、思想、そして世界観と表裏一体をなしていることである。外国人が英語を使えば、それも上手に使おうとすればするほど、英語国民の精神にのめり込まざるを得ない。しかしそうなっては、外国人は亜流の、せいぜい二流のイギリス人、アメリカ人になるのがおちである。自分の中に自発する内在的な文化、思想は、英語のそれではないからだ。

母国語が通用しない情況の下で、外国語を使わされながら、その外国語をどこまで自分の方に引きつけ、押え込むことができるかという、一種の逆説的な矛盾の、力関係のバランスにおいて成立するものがイングリックなのである。従ってこちらの立場が強く、相手に与えるものが多ければ多いほど、外国語はこちらに引寄せられるのだ。

このように考えてみると、イングリック的なものは何も英語に対してのみ存在し得ると考える必要はなくなってくる。しかし言葉は使う人の立場だけでなく、相手の立場も考慮しなければならない。ある言語の流通範囲が狭く、従って規範性が非常に高いような場合、その言葉を外国人が使わざるを得ないときには、使用者の自由勝手は必然的に制限されてくる。

ところが世界的な拡がりを手に入れた英語は、すでに述べたようにその代償として自分自身の多様化、多極化を起してしまった。ということは規範性が弱まり許容度を大きくせざるを得ない状態になっているわけである。世界語であるということは、同時に偏狭な純粋性を保ち得ないということなのである。

このように考えて、改めてあたりを見廻してみると、国際的な場面で精力的に活躍している、英語を母国語としない人々の英語は、まさに私の言うイングリックなのである。

この点で私が最も強い印象を受けたのは先年来日された世界的な言語学者ローマーン・ヤーコブソン博士の講演であった。この偉大な言語学者の口から出る英語は、博士の母国語であるロシア語の調子、発音の干渉が歴然としている。すでに三十年以上アメリカに住んでおられて、これなのだから、昔はもっとひどかったと思われる。文法も、あとでテープを調べてみると、「英語」としてはかなりの間違いがある。しかし博士の講演をきくと、初めは奇異に感じ、聞きにくかったものが、いつの間にか気にならなくなり、素晴らしい内容と親しみある人柄に、こちらがすっかり取込まれてしまう。まさに忘れ得ぬ人という印象を、聞く者の胸に残して日本を去って行かれたのである。

インド人やアラブの人々の英語は捲舌で分りにくいとか、スペイン語系の人の英語はｓとｚの区別がないなどと言うことは、これらの人々の使う英語を、狭い意味での英語の規範性からのみ批判しているからなのだ。私たちの英語はジャップリッシュ Japlish だと自嘲的に言う日本人もいる。私はむしろ、私たちが英語をもっと使いこなして、日本人の英語は、これこれしかじかの癖がある、訛りがあるという定評が、国際的に確立されなければ嘘だと思う。日本人が本当に思いきり英語を使い始めれば、日本語の干渉のあらわなジャップリッシュにならないはずはないからだ。インド人の多くが使う英語はすでにインディッシュとでも呼ぶべき別の言語となっている。本来の英語にない freeship（授業料免除のこと）などという言葉が堂々と使われているのだ（注、ナイター・スキンシップをめぐる論争）。

言語の点で多元的な現在の世界において、各国の人々が自分の国の言葉を勝手に使い出したのでは、お互いに意志が疎通しない。歴史的な偶然によって英語が国際補助語の最強力なものとなっている現在、その英語を私たちはイングリックとして使うという姿勢が必要だと私が主張するのは以上の理由である。だからこそ、一般の学生を対象とする英語教育を、英文学者、英語学者の手から切り離す必要があるのだ。そして英語はもはや英語国民の特権的独占的な言語ではないということを認識する必要がある。

3　イングリック実践の具体的方法について

すでに明らかなようにイングリックとは、それ自体が完結した一つの人工言語ではなく、世界的な拡がりと大きな方言差地域差をすでに持つ英語に、使用する側が自主的な立場で選択的に接して行く心がまえ、姿勢の問題なのである。そこで高等教育の場ではそれをどのように具体化して行けるかについて、二、三の提言をしてみたい。

第一に授業の目的が英語英文学の研究ではないのだから、テクストを克明に訓詁註釈的に読む必要はない。何が書いてあるかを摑むことを主眼とし、授業の重点はこのテクストに対する学習者の反応や意見を、下手でかまわないから学習者が英語で討論し、曲りなりの英語でよいから英作文の形で発表することに置く。**日本語に訳すとどうなるかという、従来の訳読中心の授業はまったく不必要となる。つまり習うよりは慣れろの態度でどんどん使うのである。**

たとえば近頃英字新聞に出た、日本の捕鯨が禁止されそうだという記事をテクストに取上げたとしよう。

最近捕鯨に対する世界的な反対が高まっていて、先日の第二十六回世界捕鯨委員会では、米国が資源保護および動物愛護の立場から捕鯨の全面禁止を強く主張し、日本は苦境に立っているというような趣旨である。

私も鯨のような地球最大の哺乳動物が絶滅しかねないような捕り方にはまったく賛成できない。しかし委員会の討議においては、アメリカ代表に対して、全米のスーパーマーケットで大量に売られている、犬や猫のための罐詰食品が、ほとんどオーストラリアのカンガルー肉であることを指摘し、動物愛護というならば、棲息域が年々狭くなるカンガルーの捕殺および利用に目をつぶりながら、日本の捕鯨だけを残酷行為のようにきめつける発想はおかしいのではないかといった主張をぶつける必要がある。これでこそ対等の議論というものである。だが今のところ日本人がこのような反論をしたということを私は知らない。

学校でイングリックを学べということは、単に二流の英語で安易にすませろというのではなく、世界的な視野に立ちながら、自主的な議論を国際的な場面で戦わす訓練をすることを意味するのだ。**自分の目でものを見、自分で資料を集め主体的に考えたことを、国際語で発表することなのである。何を言ってよいか分らない人は、英語はおろか、イングリックすら学ぶ必要はないのだ。**

第二に**英語の教師は徹底的に英語を使って授業すべきである**。もちろん日本人教師の英語は完全な英語であるはずがない。これまでは、学生に悪い発音の癖がつくと後で困るとか言って、よほど自分の発音に自信のある、例外的な教師以外は、テクストを読むことさえしなかった。最近の大学生用の英語のテクストには、この点を考慮して、外国人が吹込んだカセットやテープが付いていることも多い。発音の勉強はそちらでというわけだ（従って教師はますます微に入り細を穿ったテクストについての枝葉末節の知識で勝負することになる）。しかし教師はイングリックで堂々と自分の考えを述べ、学生の意見にコメントを加えればよい。

発音が本格的なイギリス式、あるいはアメリカ流ならば国際場裡で尊敬されるなどと言う人がいるが、とんでもない間違いである。発言する内容が下らないのに、発音だけ綺麗なほどみじめで、またそれほど軽蔑されることも少ないことを悟るべきである。私はわざと、下手にしろと言っているのではない。勘の良い人が、苦労なしに上手になれるのならかまわないが、正しい美しい発音それ自体を目標にして、実際に役に立たない畳水練を重ねるのは愚かだと言うのである。英語は声楽ではないのだ。何かに関して、**即座にまとまったことが英語（イングリック）で書けること、言えること、これを現在の大学における英語の授業の目的とすべきだ**。実用英会話とはまったく別である。

このように考えてみると、外人教師を雇う場合でも、英語の自由に使える、しっかりした考えを持った人ならば、中国人でもマレーシアの学生でも結構ということになる。英語を母国語としない人の「変な英語」で一向にかまわない。むしろいろいろなタイプの英語に早くなれることの方が望ましい。この提案は今までの英語教師にとってはとんでもないことと受取られるだろうが、私はこれが一番だと思う。英語の外人教師を雇うとき、オーストラリア出身だと分って英語が標準的でないからと、採用を見合せた大学を知っているが、なんともおかしな話である。

第三は、**文学作品を教科書から除外すること**である。外交、政治、経済は言うまでもなく、歴史、文化一般、宗教と広く話題を選ぶべきだが、文学だけはいけない。何故ならば文学作品の言語はその本質から言って、内容を単に伝える道具であり入物であるだけではなく、その言葉、その表現、そのスタイル自身に意味がある特殊なものだからである。**外国語に上達するためには、文学作品を沢山よむのがいいという神話を壊さなければならない**。文学は文学研究には必要である。

私は外国文学研究の意義を不当に貶めようと、やっきになっているように見えるかもしれないが、正反対である。英語の時間に文学作品をテクストにすれば、言葉も覚えるし、外国の思想、異なった世界観をも学べるので一挙両得だと言う人がいるが、わずか百ページ足らずの注釈付きの短編小説などを、一年かかって従来の語学の授業の形式でのろのろと進めて、偉大な思想や異なる物の見方が分るのなら苦労はない。一挙両得どころか、二兎を追う者の愚を繰り返すだけである。文学とはそんな甘いものではないと思う。文学研究はもっと別の形で、正面から、しかもわずかな数の学生が本格的に取組めばよいので、何百万の日本の学生がすべて英文学に青春をかけることはないと言っているだけである。

語学の時間に文学を教えるということは、ソロバンの技術を習いたい者に、集合論や行列式の講義をするようなもので、場違いもいいところである。そして文学でなければ、あとは実用会話しかないと思うことが間違いであり、教える側の怠慢であると思う。

4　外国語を何故学ぶのか

私はこの章の第一節において、今や二百万になろうとする大学生の全員に、広く浅い英語教育を強制することの愚を指摘し、英語を学習する者の数を思い切って減らすことを提案した。

第二節では、英語という言語の世界的な規模での変容に対応して、学校で比較的少数の者が学ぶ、実際の使用を目的とする英語は、イングリックとでも称すべき、それを使用する私たちの自発性と主体性を極度に重視した、英語にして英語に非ざるものを目標とすべきであると述べた。またそのために一般の英語教育を、英文学の研究を本来の目的とする英文学者、および英語という言語を科学的な研究対象とすることが専門である英語学者の手から切り離すことが必要であると主張した。

ところが、外国語を学ぶということの目的には、自国語では得られない新知識を得るということおよび、国際的な場面で外国の人とわたり合い、こちらの考えを伝えるということの他に、もう一つ大切な側面があることを忘れてはならない。それは日本語で生れ育った私たちが、考えてもみないような不思議な考えを持ち、私たちが住んでいるこの世界を、まったく別の目で眺めている人々が現にいるのだという、驚嘆すべき事実に学生たちが目を開くことに他ならない。

さきに述べた知識の吸収と国際舞台での活躍を目ざす外国語の学習が、言語というものを特定の目的を達するための手段と考えているならば、これから取上げようとする外国語学習とは、外国語それ自体を異文化の秘密をとく手がかりとして考えるものと言えよう。私たち日本人が自明の理とし、ものごとの前提としている多くの事柄が、実は日本語という言語に依存していることがあるという認識を学生に与えることがそれである。

ゲーテがいみじくも言ったように、〈外国語を知らない者は、自国の言語についても何も知らない〉ことを体験すること、これこそ学校において大多数の学生が語学の時間に学べる素晴らしいことなのである。もしこの目的が本当に達成されるならば、いかなる意味の実用性をもはっきりと切り捨てた、まさに教養としての外国語、知的な訓練としての英語学習も充分意味のあることだと言えよう。

将来外国に出掛ける計画も持たず、また事実学校を出てから直ちに実務の世界、家庭の人となる可能性の多い中学卒、高校卒の人々にとっては、いずれ何かの役に立つかもしれないという漠然たる実用性の見地だけでは、外国語を苦労して学ぶ価値を見出せと言っても無理というものであろう。このような人々にとって、外国語の書物から技術を学び利益を得ることなども、学習意欲をわかせる刺激とはなりにくい。多くの大学生とて同じことである。

しかし日々習う外国語がそれ自体で驚きと喜びをもたらすとしたら、授業は退屈な時間どころか興奮の一時となるにちがいない。しかもその知識が自分たちが何気なく毎日使っている日本語に、思わぬ光をあて、ひいては、言語という不可思議な人間行動の深みを覗かせてくれるものであるとしたらなおさらである。

この目的のためには、学習する言語はなにも英語でなければならぬということはない。だがただ一つだけ外国語を学ぶとしたら、現在の日本では英語を選ぶ方がなにかと実際上の便宜がある。その上いかに実用性を考えないで英語を勉強するにしても、後で実用性が必要になったときには、その意味でも役に立つ部分が多い。エスキモー語を中学で学べば、面白いことが沢山判ることは間違いないが、それ以上発展的に利用できないうらみがある。だから私は中学、高校で英語をできるだけ多くの学生が学ぶことに賛成なのである。

従来でも、この教養としての外国語習得、自国語の鏡としての外国語の知識の効用が説かれなかったわけではない。しかし実際にどのような方法で、いかなる事実を呈示するのかという具体的な問題になると、私の知る限りでは明確な答は出ていなかったようである。ただ漫然と文学作品の一部を与え、習うより慣れろ式のやり方で、外国語がどこかに隠しているに違いない宝の山を、学生がいつの日にか自分で掘り当てる僥倖《ぎょうこう》を期待する以外に手がなかったのが実情なのではあるまいか。

太陽は何色か？

私は一昨年（一九七三年）小著『ことばと文化』（岩波新書）の中で、これまで見すごされていた、とるに足りない身近で初歩的な外国語の単語や使い方を手がかりにして、ことばと文化、ことばと社会の深いつながりを知ることができることを示したので、再び詳しく述べることはしないが、以下において新しい実例を用いながら、このほとんど未開拓の領域の中で、いかに新鮮な発見が可能であるかを簡単に述べてみたいと思う。

私が英語でクロスワード・パズルをしているとき、ある単語のヒントとして The colour of the sun というのが出てきた。「太陽の色」というのだから赤つまり red を入れればよいと思って red と書き込むと、どうしたことかあと三つだけ空欄が残っているのだ。六文字で太陽の色を表わさなくてはいけないらしい。そこで yellow として見たが、どうも「太陽の色」というヒントにしっくりしない。そこで知人の英国人に電話をかけて、英語では普通太陽の色はなんと言うかと尋ねてみた。驚いたことに黄色に決っていると言うのである。

日本語では太陽は赤いものに決っている。三歳の子供でもお日様は赤いと言うし、幼児がクレヨンで描く太陽は、赤い丸に赤い線が放射状に出ているものだ。だから私は太陽が sun で、赤は red だから The sun is red. となることをそのときまで疑ってもみなかったのである。

そこで手許にあるイギリスやアメリカの子供用の絵本を調べてみると、どの太陽もなるほど真黄色になっている。新しい絵本も買い求めてみたが、どれもこれも出てくる太陽はすべて黄色であった。

あわてた私はそれではフランス語はどうかと思いフランスの絵本を求めてみた。ここでも太陽は黄色に描いてある。一つの絵本には「北風と太陽」に出てくるようなレモンイェローのニコニコ顔の太陽の絵の横に、Le soleil est jaune. と御丁寧にもはっきり書いてあった。ドイツ語でも太陽は黄色らしい。

私は長い間、いろいろな言語を勉強しているため、ことばの不思議さに打たれることはしばしばあるのだが、この太陽の色の問題ほどショックを受けたことはあまりない。こんなに身近な

sunやredやyellowといった、中学生でも知らぬ者がないやさしい言葉、誰もがそこに問題があろうなどと考えてもみないところに、ことばがいかに文化であるかを思い知らされる手がかりがひそんでいたのである。だが日本人としての私の頭の中には「太陽は赤い」という、言語による範疇《はんちゅう》化が出来上っていたため、折角外国の絵本を買って読んでおきながら、この喰い違いに気付くことなく見過してきたのである。まさに見れども見えずである。

外国に出掛けることもない、外人とつき合う機会もおそらく一生持たないような多くの日本人が、外国語を学校で勉強することの意味は、太陽が赤ではなく黄色いものと考える人々も世界にはいるのだというような事実を知ることではないだろうか。自分の国の文化から解放されて、他者の目で世界を見る道は、このような体験に始まるのではないだろうか。

もう一つ例をあげよう。私は前にある所で書いたことがあるが、イギリスとアメリカで出版された辞書の中で、虹rainbowの説明の中に、七色と書いてあるものを未だ見たことがない。オックスフォード系の辞典にも、ウェブスターにもいろいろとむずかしいことが詳しく書いてあるが、七という数は出てこない。だが日本語のどんな小さな辞典でも、虹の説明には七色ということが必ず出てくる。いや虹と七色ということは同義であるくらい、私たち日本人にとっては本質的なことなのである。

英語国民にとって、虹の色の数は、日本人のように特定の数に固定されていないらしい。私の見たあるアメリカの本には、red, orange, yellow, green, blue, purpleと六色の名を書き込んだ虹の絵があった。直接たずねても答はまちまちである。My heart leaps up when I behold/A rainbow in the sky. で始まるワーズワースの虹の詩を、これまで感慨を持って読んだ日本人は多いだろう。その人々は一体、イギリス人の眼に映る虹は何色だか考えたことがあるだろうか。

黄色い太陽の話や、虹の色の数が出てくれば、これが糸口になって、色彩と言語と文化の複雑でしかも面白い話で、学生をつぎからつぎへと興奮させることができる。ホメロスの詩に出てくる色彩語が、現代の英語やドイツ語の、色と物の名の関係に合わないからといって、ホメロス色盲説が十九世紀にヨーロッパで真面目に論じられたのも、ものと色の関係に対する認識が乏しかったからだとか、日本語で空の色と草の色を共に「あおい」と言うのは、色彩感覚が未発達のためでなく、スペクトルで隣り合う色をどの範囲まで一語で表現するかが、言語によって違うにすぎないといった話、さらには同じ赤を使いながら、赤土、赤蟻、赤砂糖などの色が、色としては茶色なのにどうして赤と言うのか、そして同じ靴でも男の赤靴は茶のことで、女の赤い靴が赤いのは何故かといった具合に、英語と日本語の間を行ったり来たりしながら、何時間でもことばの不思議について語り合えるのである。

学校での語学の授業から、文法の説明をはぶき、文学を取り去り、実用会話を追い出したら何も残らないと考えるのは、宝の山に入って宝を見ないようなものである。そこに外国語があるという事実だけから、一つの名詞でも、動詞でも、またその組合せからでも、ほとんど無数と言えるほどの興味ある問題が出てくるのだ（注、筆者の岩波新書『日本語と外国語』は、このような問題を更に詳しく扱っている）。

それでは一体どうして今までこのような分野が教養としての外国語学習の中心課題にならなかったのであろうか。それも日本語という言語が、英独仏などとまったく異なるしくみを持ち、独特の語彙を持っているのにである。その理由はいくらも考えることができるし、本書を読まれた方には、すでに察しがつかれたと思う。しかしまとめの意味で二、三の重要な点をあげてみよう。

第一に、明治以来、日本では外国語が先進国の進んだ文明、すぐれた技術を輸入するための手段であり道具としてのみ考えられてきたため、外国語で何が書かれているかだけに関心が向けられ、どのように対象が捉えられているか、書かれていないものは何かといった、言語そのものは研究の対象になっていなかった。

第二に、たとえ言語そのものを問題にする場合でも、それは文法の研究とか、音声学の対象というような、言語をどちらかと言えば自然科学的な研究対象として整理する方向に進むことが多かったのである。

第三に日本人が外国語学習に際して準拠した考え方や扱う範囲、そして方法論自体が、西欧諸国の人々が主として彼らの言語を学習研究の対象にした経験から作り出されたものであったため、日本人の立場から必要な問題意識が育てられなかった。第二章で詳しく論じ、また第四章でも指摘したように、宗教、文化、言語、世界観の点で西欧諸国はお互いに親戚も同様である。そこにおいて共通の前提となり得ることが、日本人の前提とはならないことに気付かなかったのである。

たとえば太陽の色を黄色だとすることは、英独仏では共通している。そこでyellow（英）――jaune（仏）――gelb（独）という、言語によって異なる単語の置き替えだけを問題にすればすんでしまう。日本語ではそれが黄色でなく赤なのだという異質の指摘が必要だったのだ。

従って**日本の学校で外国語を学ぶということは、日本語の問題と切り離せない**ことになる。言葉が違えば現象の世界の切り方が違うのだということを学ぶためには、絶えず母国語との対比が必要である。

英語の時間と国語の時間が別々で、まったく違った教養の先生が教えていること自体がおかしいのである。日本語は即国文学なのではない。実用性を切り捨てた教養としての外国語学習の、真の意味は、日本語との関連において、日本語の鏡として考えられたときに、初めて生れてくるのだ。外国語を学ぶということは、実は日本語を知ることであり、自分を知ることなのである。

第五章　章末注

この章で書いていることは、『ことばと文化』（鈴木孝夫、岩波新書、一九七三）をはじめ『日本語と外国語』（鈴木孝夫、岩波新書、一九九〇）、『日本人はなぜ英語ができないか』（鈴木孝夫、岩波新書、一九九九）や『英語はいらない!?』（鈴木孝夫、ＰＨＰ新書、二〇〇〇）、『あなたは英語で戦えますか』（鈴木孝夫、冨山房インターナショナル、二〇一一）などで詳しく論じてあります。

後　記

日本人ほど自己を分析し、自分自身について語りたがる民族は少ないという。たしかに日本人の手になる日本人論、日本文化論の数はおびただしいものがある。この『閉された言語・日本語の世界』も、ことばという視角から見た日本人論とも、あるいは日本文化論とも言えよう。その意味では私も自己を語りたがる日本人の一人である。

はじめ私は、自分たちの言語がヨーロッパの言語に比べて劣っていると思っている日本人、日本語が世界の言語の中で一番むずかしいと信じている日本人の、言語というものに対する考え方、受けとめ方を、『日本人の幻想的言語観』という視点からまとめて見るつもりだった。

自分たちの手で大文明を築いたことのない、宿命的な周辺文化民族である日本人は、有史以来ユーラシア大陸の高文化を、文字通り、追いつけ追い越せの目標として来たのであった。この目標が実は幻想でしかなかったことを書きたかったのである。だがもしこの幻想がなかったら現在のように発展した日本が存在し得なかったことも同時に書きたかったのである。

事実を知らないということには、功罪の両面がある。曲りなりにも一応世界の大国の一つに日本がなることが出来たのは、西欧先進諸国を普遍的な価値の具現者として、ひたすら理想化し、自分をも西欧化することが近代化の唯一の道であると確信して突き進んで来た功によるのである。

だが西欧でない日本が西欧になることが出来なかったのは当然である。自分たちで西欧とはこれだと分ったつもりでいたことが、実は、日本人が作り出した西欧の幻影でしかなかったのだ。ここから罪《ざい》が始まる。日本人が、これこそ世界の常識と考えていることが、実は世界の非常識であり、これこそあたり前と思っていることが、実はよその国では稀有のことだということに、中々気がつかないからである。《世界の秘境は、アマゾンでもニューギニアでもない、私たちの日本だ》という事実を知ることこそ、現在の日本人に必要な自己認識だと私は思っている。

『日本人の幻想的言語観』という題は、しかし多少謎めいているという反省もあって、もっと直截に内容を示す『閉された言語・日本語の世界』と改めた。この本の中で私は我国が言語的には未だ鎖国時代を脱していないという事実を指摘し、日本語と日本文化の運命共同体的な結びつき、および日本人の持つ属人主義的な国語観を明らかにすることに努めたからである。

この本には、日本語のローマ字化反対、漢字礼讃の主張を述べたようなところもあるが、私の意図はそのような方向にないことは、よく読んで頂ければ明らかだと思う。日本語を世界のコンテクストに置いて考え直してみようというだけのことに過ぎない。この意味で私は、いわゆるローマ字論者、漢字廃止論の方々にこそ読んで頂きたいと希望している。

私は今年になってこの本の草稿にもとづいた言語社会学の講義を、慶應義塾大学文学部、北海道大学文学部、東京大学文学部、および東京言語研究所などに於て行った。教室での学生諸氏との質疑応答や討論のおかげで、私の考えが一層明確なものになることが出来たことを、感謝の念をこめて明記しておきたい。

私の友人であり同僚でもある仏語学者の松原秀一教授は、貴重な時間を割いて、原稿のすべてに目を通して下さり、内容に関して適切な助言を与えて下さった。

また過去二年間、ともすれば途絶えがちの私の執筆を忍耐強く見まもり、細部にわたっての相談にも快く応じて下さった新潮社の梅澤英樹氏には心からの御礼を申し述べたい。この本を計画して以来五年もの月日が経ってしまったが、とにかく一応ここに完成を見ることが出来たのは、全く梅澤氏の熱意の賜なのである。

一九七四年十二月十八日

慶應義塾大学言語文化研究所にて

鈴　木　孝　夫

本書は一九七五年三月に『閉された言語・日本語の世界』（新潮選書）として刊行されたものに加筆修正をほどこし、増補新版として再刊するものである。

新潮選書

閉《とざ》された言《げん》語《ご》・日《に》本《ほん》語《ご》の世《せ》界《かい》【増補新版】

著　者………………鈴《すず》木《き》孝《たか》夫《お》

発　行………………2017年 2 月25日
3　刷………………2024年11月30日

発行者………………佐藤隆信
発行所………………株式会社新潮社
〒162-8711 東京都新宿区矢来町 71
電話　編集部 03-3266-5611
　　　読者係 03-3266-5111
https://www.shinchosha.co.jp
印刷所………………株式会社三秀舎
製本所………………株式会社大進堂

ISBN978-4-10-603797-9 C0381